Vitamin K

Alois Glück · Robert Zollitsch

Vitamin K

Warum wir die katholische Kirche brauchen

Herausgegeben von Christiane Florin

HERDER

FREIBURG · BASEL · WIEN

© Verlag Herder GmbH, Freiburg im Breisgau 2012
Alle Rechte vorbehalten
www.herder.de

Satz: Barbara Herrmann, Freiburg
Herstellung: fgb · freiburger graphische betriebe
www.fgb.de

Printed in Germany

ISBN 978-3-451-32472-7

Inhalt

Vorwort

Zeitgemäße Lebensmittel versprechen Konsumenten einen Hauch von Unsterblichkeit. Sie sind reich an Vitamin C und Kalzium, sie glätten die Haut, verschalten die Synapsen im Gehirn und stärken die Abwehrkräfte. Sie machen nicht nur satt, sondern verwöhnen unser Herz mit ungesättigten Fettsäuren. Functional Food nennen Marketingmenschen diese Produkte. Von Vitamin K ist in diesem Zusammenhang nie die Rede. Mediziner wissen: Es hilft bei der Blutgerinnung und beeinflusst die Knochendichte, aber es macht weder schlauer noch schöner noch abwehrbereiter. Neugeborenen wird Vitamin K verabreicht. Ansonsten kommt es in Gemüsen vor, die Kinder auf dem Teller meist beiseiteschieben: in Zwiebel, Kohl und Mangold. Entdeckt wurde diese Vitamin-K-Gruppe erst Anfang des 20. Jahrhunderts. Immerhin erhielt der dänische Forscher Carl Peter Henrik Dam 1943 dafür den Medizin-Nobelpreis.

Hat das alles etwas mit der katholischen Kirche zu tun oder ist der Titel des Buches nur ein Wortspiel? Die Kirche muss nicht mühsam durch zig-tausendfache Vergrößerung im Mikroskop sichtbar gemacht werden. Sie springt noch immer ins Auge: Ihre Türme prägen die Silhouetten der Städte und Dörfer; nicht jeder gehört ihr an, aber jeder hat schon von ihr gehört. In Umfragen erreicht sie einen Bekanntheitsgrad von 100 Prozent, mehr als Coca Cola. Fast 25 Millionen Deutsche sind Mitglieder der römisch-katholischen Kirche. Vielleicht, weil sie an Jesus Christus den Auferstanden glauben; vielleicht, weil sie glauben, damit bessere Chancen an katholischen Kindergärten oder Schulen zu haben. Auch im karitativen Bereich – Altenheime, Notfallseelsorge, Obdachlosenhilfe – genießen die Einrichtungen beider Konfessionen hohes Ansehen. Was nachgefragt ist, wird selten in Frage gestellt. Vitamin K gilt offenbar als Kraft, die eine Gesellschaft zusammenhält.

Misstrauen und Ablehnung begegnet der katholischen Kirche dann, wenn ihre Vertreter den ureigenen geistlichen Auftrag erfüllen: wenn sie die Botschaft verkünden. Dieser Bestandteil der Vitamin-K-Gruppe steht im Verdacht, der Gesellschaft eine Überdosis Moral zu verabreichen. Die einen fühlen sich davon gestärkt, die anderen schalten auf Abwehr.

Der Deutschlandbesuch des Papstes im vergangenen Jahr zeigte diese widersprüchlichen Befunde: Einerseits wurde Benedikt XVI. beachtet und bejubelt. Die Fernsehsender übertrugen alle Gottesdienste, die Zeitungen erhoben den 84-Jährigen zum Titelhelden. Der Papst – ein geistlicher Pop-Titan

in Weiß. Eine der wenigen Persönlichkeiten weltweit, die es vermögen, Millionen Menschen zu bewegen.

Andererseits machte der Besuch deutlich, wie wenig selbstverständlich die Verkündigung der Botschaft
hingenommen wird. Darf der Papst im Deutschen
Bundestag reden? Ist er nicht ein »Religionsführer«
wie andere auch? Diese Diskussionen beschäftigte wo-
chenlang die Leitartikler, ein Indiz dafür, dass die öffentliche Vitamin-K-Zufuhr zunehmend Allergien
auslöst.

Papst Benedikt XVI. sprach dann doch vor dem
nicht ganz gefüllten Plenum im Reichstagsrund, er
bekam fraktionsübergreifenden Applaus. Die Kom-
mentatoren lobten seine rhetorische und intellektu-
elle Brillanz. Anders gewendet: Seine Worte wurden
rezensiert wie andere große Bundestagsreden auch.
Auf journalistische Kniefälle oder besonderes Wohl-
wollen darf das Oberhaupt der katholischen Kirche
nicht hoffen. Auch ein Papst muss Messbares leisten.

Die lautstarke publizistische Debatte im Herbst
2011 übertönte einen stillen gesellschaftlichen Wan-
del: Benedikt XVI. besuchte seine Heimat und fand
ein Land vor, in dem der Katholizismus von immer
weniger Menschen als Heimat empfunden wird. So-
ziologen stellen fest, dass die katholische Kirche ihr
einstiges Kernmilieu, die bürgerliche Mitte, verloren
hat. Bei den Hochfesten des Lebens und des Ster-
bens gehören weder Gott noch Geistlichkeit auto-

matisch zu den geladenen Gästen. Es geht von der Wiege bis zur Bahre immer öfter auch ohne. Die Zahl der Taufen sinkt seit Jahrzehnten stärker als die Geburtenzahl, von knapp 300.000 im Jahre 1990 auf rund 170.000. Der Traualtar ist im Wortschatz präsenter als in der Wirklichkeit. Nach Angaben der Deutschen Bischofskonferenz kamen 1980 auf 100 zivile Eheschließungen 57 kirchliche Trauungen, 2010 waren es noch 30. Wer in Kindheit und Jugend kein Gefühl für »seine« Kirche entwickelt hat, lässt sich auch von der Aussicht auf eine barocke Hochzeitskulisse kaum locken.

Demoskopen versüßen jede für die katholische Kirche bittere Zahl mit der Erkenntnis, die Menschen seien eigentlich auf der Suche nach Orientierung und Sinn. Sie sehnten sich nach etwas, das über diese Welt hinausreiche. Doch diese Sinnsucher scheuen die Institution so wie Kinder das vitaminreiche Gemüse, sie neigen zur spirituellen Selbstversorgung.

Die katholische Kirche kann weder auf die Macht der Gewohnheit vertrauen noch auf die Ohnmacht der Gehorsamen. Sie muss sich erklären. Sie muss überzeugen. Sie muss beweisen, wie sie wirkt. Auf die Seele des Einzelnen und aufs Knochengerüst der Gesellschaft.

Oder muss es heißen: Sie *darf* sich erklären, sie *darf* beweisen, sie *darf* überzeugen? Diese Perspektive wählen die beiden prominenten Katholiken in diesem

Buch. Der eine ist Dr. Robert Zollitsch, Erzbischof von Freiburg und Vorsitzender der Deutschen Bischofskonferenz, der andere Alois Glück, Präsident des Zentralkomitees der deutschen Katholiken (ZdK) und oberster Laie im Land. Beide schlagen nicht den Jammerton K an, sie weinen nicht ob der Verluste, sie werben stattdessen fürs Katholische. Ihre These: Unsere Gesellschaft braucht diese Kirche mitnichten als spirituelles Functional Food zu besonderen Anlässen, sondern als Lebens-Mittel.

Robert Zollitsch und Alois Glück neigen weder zum Gesundbeten noch zum Anpreisen einer Wunderwirkformel. Sie benennen Stärken und Schwächen ihrer katholischen Kirche. Sie erzählen von ihren eigenen heilsamen Glaubenserfahrungen, ohne Kränkungen zu verschweigen. Selbstredend kommt das christliche Menschenbild ausführlich zur Sprache, aber auch unchristliches Verhalten in den eigenen Reihen. Hier stehen zwei Rede und Antwort, die das Katholische lieben und sich doch vieles anders wünschen.

Die Kirche ist kein Reformhaus, auch nicht im Land der Reformatoren und hauptberuflichen Papstkritiker. Wer sich als Journalist intensiv mit ihr beschäftigt, lernt, jeder oberflächlichen Veränderungsrhetorik zu misstrauen. Ich muss zugeben: Das Motto des Katholikentages 2012, »Einen neuen Aufbruch wagen«, erschien mir zunächst wie ein müder Werbeslogan für eine Brausetablette, die nicht sprudelt.

Die Gesprächspartner waren da ganz anderer Ansicht. Und so setzten die vier Wörter ein lebhaftes Gespräch in Gang. Wer aufbrechen will, braucht einen Standpunkt, ein Ziel und eine Vorstellung davon, wie das Gelände um ihn herum beschaffen ist. Erzbischof Zollitsch und Alois Glück vermessen das Terrain, in dem sich Christsein heute bewegt, sie weichen auch unangenehmen Themenfeldern nicht aus. Und: Sie formulieren Positionen und Visionen, die sie durch ihre eigene Biografie beglaubigen.

Dieses Buch ist weder Verhör noch Plauderei. Es will die katholische Kirche jenseits der üblichen Reflexe ins Gespräch bringen. Und es zeigt, dass die Kirche das Gespräch braucht, wenn der Glaube nicht mehr vom Himmel fällt. Es gab bei den Interviews keine verbotenen Fragen und nur selten die Antwort »Das ist entschieden«. Das ist in katholischen Kreisen nicht selbstverständlich.

Die nächsten Kapitel dokumentieren einen Gedankenaustausch über Gott und die Welt, vor allem aber über Menschen. Denn Gott braucht keine Vitamine, der Mensch sehr wohl.

Christiane Florin

Aufbruch und Augenblicke:
Wovor haben Kirchenleute Angst?

CHRISTIANE FLORIN: »Einen neuen Aufbruch wagen«, fordert das Motto des Katholikentages. Wann haben Sie in Ihrem Leben einen Aufbruch gewagt, Herr Erzbischof?

ERZBISCHOF ROBERT ZOLLITSCH: Das musste ich notgedrungen mehrfach. Ich bin Donauschwabe; gegen Ende des Zweiten Weltkriegs wurden wir im damaligen Jugoslawien ins Vernichtungslager gebracht. Von dort sind wir 1945 geflohen. Damals war ich sieben Jahre alt. Diesen Aufbruch verdanke ich meiner Großmutter. Sie war so mutig und überlegte: Wenn wir hierbleiben, werden wir verhungern. Wenn wir fliehen, können wir Glück haben und über die Grenze kommen. Und wir hatten Glück.

Wir haben damals alles verlassen müssen, was für mich und mein Familie Heimat bedeutete. Die Flucht war schwierig. Stellen Sie sich vor: Es war November, und wir hatten keine Schuhe. Aber wir wollten die Freiheit, wir wollten unser Leben retten. Deshalb haben wir uns auf den Weg gemacht. Diese Erfahrung prägt mich bis heute. Ich habe keine Angst, wenn etwas Neues auf mich zukommt. Meine

Großmutter hat mir gezeigt: Wer Mut hat, wer etwas aktiv angeht, wer sich herausfordern und rufen lässt, der kann auch gestalten. Wer das nicht riskiert, über den wird entschieden.

CH. FLORIN: Kann man es lernen, aufzubrechen?

R. ZOLLITSCH: Das ist schwer zu sagen, aber die Erfahrung kann einem selbst helfen und ich kann damit auch anderen helfen. Wer so etwas erlebt hat, kann Menschen Mut machen. Man kann glaubwürdig sagen: Das Neue ist das, in dem die Verheißung liegt. Das heißt natürlich nicht, dass alles Neue auch immer gut ist und dass man den Mut zu Neuem nur lernen kann, wenn man schon mal um sein Leben gefürchtet hat. Es muss nicht immer die Angst im Hintergrund stehen – ich will natürlich nicht mein Leben lang vor etwas fliehen.

CH. FLORIN: Hat Ihre Entscheidung, Priester zu werden, mit dieser Flucht aus dem Lager zu tun?

R. ZOLLITSCH: Ja, sie hat auch mit dieser Erfahrung zu tun. Ich möchte Menschen etwas mitgeben, ihnen sagen, wofür es sich zu leben lohnt. Ich habe erfahren und gespürt, dass Gott bei mir war und mich geführt hat. Und mehr und mehr wurde mir gewiss: Ich kann mich auf ihn verlassen, ich kann mich von ihm führen lassen. Wenn ich aufbreche, habe ich zwar eine gewisse Vorstellung und ein gewisses Ziel, aber ich weiß nicht, wo ich tatsächlich ankomme. In dieser Hinsicht habe ich auch manche Überraschung erlebt.

Ch. Florin: Welche Überraschungen?

R. Zollitsch: Ich war nicht gefeit gegen Anfechtungen und Zweifel. Als ich Theologie studierte, habe ich mich immer wieder gefragt, ob es die richtige Entscheidung ist, Priester zu werden. Ob ich wirklich so mein Leben gestalten will. Aber meine Kindheitserfahrung hat nachgewirkt. Ich weiß: Gott ist bei mir, er trägt mich, er gibt mir Halt. Und alle Zweifel waren weg.

Ch. Florin: Braucht man extreme Erfahrungen, um aufbrechen zu können?

R. Zollitsch: Mir haben diese Erlebnisse, so hart sie auch waren, sehr geholfen. Verallgemeinern möchte ich das nicht. Nein, man braucht nicht immer die Extremsituation, die Extremerfahrung auf Leben und Tod. Auch mitten im Alltag zeigt sich: Ich muss etwas wagen, etwas aufgeben, um Neues geschenkt zu bekommen.

Wenn ich die Bibel lese, kann ich ebenfalls lernen, Neues zu wagen. Die Bibel erzählt viele Aufbruchsgeschichten. Sie erinnern uns daran, nicht zu bequem zu werden. Wenn es mir zu gut geht und ich mich in einer Situation zu wohl fühle, wenn ich kein Ziel mehr sehe, dann verfehle ich ein Stück Zukunft.

CH. FLORIN: Herr Glück, Sie sind Jahrgang 1940, Sie gehören derselben Generation an wie Erzbischof Zollitsch. Haben Sie auch schon als Kind Neues riskieren müssen?

ALOIS GLÜCK: Nein, als Kind nicht. Ich bin auf einem Bauernhof aufgewachsen und musste schon mit 17 die Betriebsleitung übernehmen. Mein Vater ist im Krieg gefallen. Ich habe zwei Schwestern, war also der einzige Mann im Haus, und damit schien mein Lebensweg als Bauer vorgezeichnet. Ein Aufbruch war für mich, als ich mich entschied, den Hof zu verlassen und nach München zu gehen. Ich wurde damals Landessekretär der Katholischen Landjugend. Das war nur möglich, weil meine jüngere Schwester, die einen Bauern geheiratet hatte, den elterlichen Hof übernommen hat.

Ich habe dann völliges Neuland betreten. Ich kannte bis dahin nur die Landwirtschaft, und plötzlich war ich mit gesellschaftspolitischen Fragen konfrontiert. Ich war oft in Diskussionen über Agrarpolitik im Rundfunk; so bin ich dann an den Journalismus gekommen und schließlich in die Politik. Bei mir hat sich vieles ungeplant ergeben, ich musste mich immer wieder in neue Themen einarbeiten. Ich bin in der Kirche, im Journalismus und in der Politik mein Leben lang Autodidakt gewesen. Das prägt mich bis heute. Ich bin thematisch im Engagement immer wieder in Neuland aufgebrochen, und so, wie ich viele Bergtouren allein mache, war ich auch auf solchen Strecken zunächst oft allein unterwegs.

Im Rückblick wird mir erst klar: Als junger bayerischer Abgeordneter hatte ich eine Jahrhundertchance. Denn es gab ein Feld, das noch nicht beackert war: den Umweltschutz. Dieses Thema war von den Etablierten noch nicht besetzt, da konnte ich etwas Neues wagen. Und letztlich ist auch mein Amt als Präsident des Zentralkomitees der deutschen Katholiken (ZdK) noch einmal ein Aufbruch. Meine Lebensplanung war eine völlig andere. Ich hatte eigentlich nach fast 40 Jahren Politik und über 50 Jahren Berufsleben keine Lust mehr auf Dienstreisen und Sitzungen.

Ch. Florin: Das ZdK neigt zu zahlreichen Sitzungen, oder?

A. Glück: Es sind ja nicht nur die Termine im ZdK, es hat viele Konsequenzen. Ich wollte eigentlich nach meinem Abschied von der Politik deutlich anders leben und lebe faktisch wieder so wie vorher.

Ch. Florin: Das klingt nach Bedauern, nicht nach Aufbruch.

A. GLÜCK: Ich bedaure die Entscheidung nicht. Mein Glaubensverständnis drückt sich sehr aus in einer Formulierung von Martin Buber: »Gott spricht zu den Menschen durch die Ereignisse und durch Menschen, die er ihm in den Weg schickt.« Als die Neuwahl eines ZdK-Präsidenten 2009 anstand, war die Situation so schwierig, dass alle Erwartungen bei mir landeten. Ich hätte ein schlechtes Gewissen gehabt, wenn ich beim Nein geblieben wäre. Ich habe in der Politik verschiedene Ämter abgelehnt – ich wurde zum Beispiel mehrmals gedrängt, als bayerischer Ministerpräsident zu kandidieren. Da hatte ich nie ein schlechtes Gewissen, Nein zu sagen. Beim ZdK war das anders.

Alle wesentlichen Weichenstellungen in meinem Leben gehen auf Gespräche mit Menschen zurück. Durch Gespräche ist mir eine Situation oft bewusster geworden, und sei es nur, weil ein Gespräch dazu zwingt, sich klar auszudrücken. Ich glaube, dass solche Begegnungen nicht zufällig sind, sondern dass Gott uns Menschen auf den Weg schickt. Er teilt sich über den Weg mit, und es liegt an uns, wie wir darauf antworten. Ich bin ein ständig neugieriger Mensch und ich hoffe, ich kann neugierig bleiben möglichst bis an mein Lebensende.

R. ZOLLITSCH: Langweilt Sie das Bestehende?

A. GLÜCK: Nur das Bestehende zu verwalten, das langweilt mich. Mich interessiert es, etwas zu gestalten, etwas mitzubeeinflussen. Das reine Politikmanagement hätte mich nie ausgefüllt. Mich interessieren Inhalte. Gegenwärtig leben wir in einer Zeit, in der unglaublich viel in Bewegung ist, nicht nur kirchlich, sondern auch gesellschaftlich und politisch. Da will ich nicht nur zuschauen.

CH. FLORIN: Wenn Sie an den Katholizismus Ihrer Kindheit denken – war das eine zu enge Welt?

A. GLÜCK: Es war eine geregelte Welt, in der klar war, was richtig und was falsch ist. An diesem Katholizismus haben wir uns zwar gerieben, aber er war die Norm. Als ich Kind war, habe ich mit Freunden Heilige Messe gespielt, ich war der Pfarrer. Später wurde ich Messdiener. Ich wäre sogar fast ins Priesterseminar eingetreten. Ich war schon angemeldet, aber meine Mutter hat letztlich doch Nein gesagt.

Ich habe mit 15 oder 16 Jahren den ersten Kontakt zur katholischen Jugendarbeit bekommen. Da habe ich eine andere Art des Glaubens kennengelernt, Gottesdienste in kleiner Gemeinschaft zum Beispiel. Ich bin mir ganz sicher: Wenn ich nur die traditionelle Verkündigung im heimatlichen Bereich erlebt hätte, hätte ich heute nicht mehr viel Bezug zu meiner Kirche. Dann wäre ich genauso wie die anderen 80 Prozent aus meiner Jugendzeit, die jetzt zwar nicht ausdrücklich gegen die Kirche sind, die aber auch keine besondere Beziehung mehr dazu haben.

Ich erinnere mich noch an gewaltige Predigten über Sünde und Hölle bei den Volksmissionen, da wurden wir in den Kirchenbänken immer kleiner. Die religiöse Angstpädagogik wurde sehr wirksam zelebriert. Von der Freiheit des Christenmenschen, von Gewissensentscheidung und von der Liebe Gottes war nichts zu hören. Da wurde uns der Glaube als Gesetzesreligion vermittelt nach dem Motto: Wenn du brav bist, dann ist Gott auch nett zu dir. Hätte ich *nur* die ausgeprägte Sündentheologie meiner Kindheit kennengelernt, dann hätte ich sicherlich meinen Glauben und auch meine Bindung an die Kirche verloren.

Ch. Florin: Gab es einen bestimmten Menschen aus der Kirche, der Sie als Jugendlichen fasziniert hat?

A. Glück: Es waren im Laufe der Zeit viele Seelsorger und Laien in der Führung. Die diversen Kurse in Jugendhäusern waren prägend. Ein Mensch hat damals besonders meine traditionsgeprägte Selbstgewissheit – und Enge – im Glauben aufgebrochen, wieder offener werden lassen. Im Jugendamt in Passau war als Referent für Kultur und Spiel Toni Budenz, ein Künstlertyp. Für mich eher suspekt, eher ein »bunter Vogel«. Mit der Zeit habe ich gemerkt: Der lebt zwar völlig anders als wir, aber der nimmt seinen Glauben mindestens genauso ernst wie wir. Im Rückblick ist das eine ganz wichtige Station in meinem Glaubensleben, weil ich erstmals damit konfrontiert war, dass es nicht nur die Art von Kirche und Glauben gibt, wie wir ihn in unserem geschlossenen Milieu kennen. Ich habe gelernt, offen zu sein.

Ch. Florin: Wie empfanden Sie den vorkonziliaren Katholizismus, Herr Erzbischof?

R. Zollitsch: In meinem Geburtsort Philippsdorf im ehemaligen Königreich Jugoslawien waren alle katholisch, man ging zur Kirche mit einer gewissen Selbstverständlichkeit, es gab viele Priester und Ordensleute, die aus unserer Gemeinde hervorgingen. Ich bin ganz natürlich in den Glauben hineingewachsen. Als ich in die Schule kam, ging die Klasse sonntags geschlossen in die Messe. Wer den Gottesdienst schwänzte, wurde bestraft, das fanden wir damals selbstverständlich. Auch Erwachsene, die nicht zur Messe kamen, wurden schief angeschaut.

Im Vernichtungslager gab es keine Heilige Messe mehr, wir haben uns aufs Beten konzentriert. Das gemeinsame Gebet hat mir Halt gegeben, mein ganzes Leben lang. Der katholische Glaube war für mich nicht eng, er hat mir eine Perspektive gegeben, die über das Ganze hinausreicht.

1946 kamen wir nach Deutschland in ein evangelisches Dorf, 98 Katholiken waren wir dort damals. In der Fremde besinnt man sich auf Traditionen. Die Sonntagsmesse, die klaren Normen, das hat mir Heimat gegeben.

CH. FLORIN: Gab es Menschen, die Sie besonders geprägt haben?

R. ZOLLITSCH: Ich hatte das Glück, in jungen Jahren im Frankenland zwei Pfarrer zu erleben, die authentisch waren und die sich um mich gekümmert haben. Sie haben dafür gesorgt, dass ich auf die höhere Schule gehen konnte. Im ganzen Dorf gab es keinen Zuganschluss, keinen Bus, nichts. Ich bin meinen Eltern dankbar, dass sie sich darauf einließen, mich in die höhere Schule gehen zu lassen. Ich kam in das kirchliche Studienheim nach Tauberbischofsheim, dort ging ich aufs Gymnasium. Anders als manche Klassenkameraden habe ich nicht unter der strengen Ordnung gelitten.

Während meines Theologiestudiums, während des Zweiten Vatikanischen Konzils, wurde mir schon klar, dass Tradition nicht alles ist. Der Blick nach vorn, das »Aggiornamento« von Papst Johannes XXIII., das hat uns ergriffen, obwohl wir zuvor auch von Papst Pius XII. begeistert waren. Ich trauere der vorkonziliaren Kirche nicht nach, distanziere mich aber auch nicht von ihr. Beides gehört zu meinem Leben. Ich lasse mich von Gott führen. Auch wenn ich die nächste Stufe nicht kenne, sage ich: Er darf mich führen.

CH. FLORIN: Wie übersetzen Sie Aggiornamento?

R. ZOLLITSCH: Es verpflichtet uns, die Kirche auf die Höhe der Zeit zu bringen, den Weg zu finden, den wir heute gehen sollen. Alois Glück erwähnte vorhin Martin Bubers Wort: »Gott spricht zu uns durch Ereignisse und Menschen, die uns begegnen.« Gott wirkt in jeder Zeit, er fordert uns heraus, das Evangelium neu zu verkünden. Wir können nicht bei dem stehenbleiben, was da ist, wir müssen den Weg heute in die Zukunft gehen. Der Gründer der Schönstattbewegung, Pater Josef Kentenich, hat nach dem Konzil von der Kirche als »pilgerndem Felsen« gesprochen. Dieses Bild gefällt mir sehr. Die Kirche soll eine pilgernde Kirche sein, Gott sorgt schon dafür, dass wir nicht zu sehr sesshaft werden. Und zugleich bietet er auch Halt und Verlässlichkeit.

A. GLÜCK: Aber inwieweit sind wir denn bereit, uns auf diese Welt einzulassen? Wir haben doch eine starke Strömung in unserer Kirche, die sagt: »Wir wissen, was der Welt fehlt, das teilen wir der Welt mit.« Diese Leute sind nicht bereit, sich auf die Welt einzulassen. Sie befürchten, dass dies eine totale Anpassung bedeuten würde. Ich bin überzeugt: In den Veränderungen, die wir erleben, sind Botschaften versteckt.

R. Zollitsch: Davon bin ich auch überzeugt. Gott teilt uns etwas mit.

A. Glück: Gehen an dieser Frage der Zeichen der Zeit als Zeichen Gottes, was Gott uns mitteilen will, innerkirchlich die Wege nicht sehr weit auseinander?

R. Zollitsch: Da gibt es eine große Spannung, das stimmt. Aber es kann nicht alles so bleiben, wie es ist, das wäre Stagnation. Ich muss hören: Was sagt mir Gott heute? Wozu fordert er mich heraus?

A. Glück: Ich sehe zu viele, die sich zurückziehen, die fürchten, die Botschaft werde durch die Welt verfälscht.

R. Zollitsch: Wenn ich aus lauter Angst das Eigene nur bewahre, dann kann ich nicht aufbrechen. Denken Sie an Abraham! Er musste viel zurücklassen: seine Verwandtschaft, seine Heimat. Aber er vertraute Gott und dessen Verheißung. Er hat sich von Gott führen lassen. Wir haben all das, was uns durch das Evangelium geschenkt worden ist. Das ist ein kostbarer Schatz, den werden wir jetzt neu zum Funkeln bringen.

A. Glück: Warum gibt es in der Kirche so große Angst vor Veränderungen?

R. Zollitsch: Die Kirche trägt sowohl Verantwortung, das ihr von Jesus Christus Anvertraute und von den unzähligen Zeugen des Glaubens Überlieferte zu bewahren, wie sie auch immer wieder den Mut braucht, Neues zu wagen und die Botschaft des Evangeliums ins Hier und Heute zu übersetzen. Und dann ist die Angst vor Veränderung ja nicht ein kirchliches Phänomen, sondern allgemein menschlich. Aus Unsicherheit klammern sich Menschen an das Bestehende und werden so nicht frei für Neues. Vielleicht gehen wir Deutschen besonders schnell in Verteidigungsstellung. Wenn man ein hohes Gut verteidigt, ist das richtig. Aber Verteidigung aus Unsicherheit heraus halte ich für falsch.

Ch. Florin: Beim Zweiten Vatikanischen Konzil ging das Signal zum Aufbruch vom Papst aus, von oben also. Sehen Sie ein solches Signal beim aktuellen Papst auch?

R. Zollitsch: Sie haben recht, Johannes XXIII. hat den Anstoß für das Konzil gegeben. Sein Nachfolger Paul VI. machte es sich zu eigen. Wenn ich mit dem jetzigen Papst spreche, spüre ich: Auch er ist ein Mann des Konzils. Benedikt XVI. setzt aber noch ein anderes Signal. Er spürt: Wir haben eine große Bandbreite in unserer Kirche, und er möchte nicht derjenige sein, in dessen Pontifikat sich Gruppen wie zum Beispiel die Piusbrüder von der Kirche definitiv trennen. Er möchte das Ganze zusammenhalten. Darin steckt ein großer Anteil seines Auftrags, »Pontifex«, Brückenbauer zu sein.

Es gibt sicherlich viele in der Kirche, die glauben, der Weg sei schon zu weit gegangen. Ich aber glaube, wir haben das Zweite Vatikanische Konzil noch nicht vollständig erfasst. Ich erinnere mich an einen Priester, der mir 1964 sagte, es brauche mindestens 50 Jahre, bis das Konzil umgesetzt sei. Heute weiß ich: Es braucht *mehr* Zeit. Man lebt natürlich als Bischof – und erst recht als Papst – in einer permanenten Spannung. Ich möchte die Bandbreite des Katholischen halten, aber ich möchte auch einen Schritt nach vorn machen und möglichst viele dabei mitnehmen.

CH. FLORIN: Anders gesagt: So eindeutig wie 1962 gibt die Spitze der Kirche kein Zeichen zum Aufbruch?

A. GLÜCK: Dass eine Erneuerung von oben angestoßen wird, ist ohnehin eine Ausnahme. Veränderung beginnt unten, meistens bei den Außenseitern, in den kleinen Einheiten. Momentan haben viele bei uns den Eindruck, dass die Kirche weniger Raum lässt, in dem sich Neues entwickeln kann. In dem Interviewband »Salz der Erde« sagte Joseph Ratzinger: »Es gibt so viele Wege zu Gott, wie es Menschen gibt.« Die Vielfalt der Lebenswege, der Glaubenswege und der Frömmigkeitsformen ist ein enormer Reichtum in unserer Kirche. Es wird zu oft versucht, wieder zu normieren und zu begrenzen. Ich erwarte nicht unbedingt die große Reform von oben, aber ein fruchtbares Aufnehmen dessen, was sich entwickelt. Wir brauchen in der Kirche eine vernünftige Kultur, um mit verschiedenen Meinungen umzugehen. Derzeit sehe ich aber sehr starke Ausgrenzungstendenzen.

CH. FLORIN: Wer grenzt wen aus?

R. ZOLLITSCH: Sowohl diejenigen, die Angst haben, neigen dazu, vorschnell Grenzen zu ziehen, anstatt zu schauen, wo der Geist Gottes wirkt, als auch diejenigen, die behaupten, den anderen weit voraus zu sein und die besseren Lösungen zu haben. Aber Ausgrenzung ist meistens nicht von Dauer. Nehmen Sie den heiligen Franziskus: Er wagte in seiner Zeit neue Wege der Nachfolge Jesu. Zugleich hat er – das unterscheidet ihn von manch anderen zeitgenössischen Gruppierungen – die Verbindung zur Hierarchie gesucht. Sein Anliegen war es, dass sein Aufbruch aus dem Glauben fruchtbar wird für die Kirche. Und doch hatte er es zunächst schwer, anerkannt zu werden. Es war interessanterweise ein Papst, der ihn dann legitimiert hat. Diese Dynamik gehört zur Kirchengeschichte.

A. Glück: Wenn Neues entsteht, gibt es immer eine Spannung zwischen Basis und Führung. Manche, die als Ketzer begannen, sind dann doch heiliggesprochen worden. Aber diese Konflikte haben sich sehr lange, oft jahrhundertelang hingezogen. So lange sollten wir nicht warten, Herr Erzbischof. Wir müssen *jetzt* zeigen, ob unsere Kirche lernfähig ist.

Ch. Florin: Wer hat denn aus der heutigen Kirche Chancen, eines Tages heiliggesprochen zu werden?

R. Zollitsch (lacht): Es gibt sicherlich heilige Menschen, die in unsere Generation hereinreichen, denken Sie an Mutter Teresa oder an die Märtyrer in der Nazi-Zeit wie Alfred Delp, der in Mannheim geboren wurde.

Ch. Florin: Ich meine Menschen von heute. Kann es sein, dass charismatische Persönlichkeiten fehlen?

A. Glück: Ich glaube nicht, dass nur charismatische Menschen heilig sein können.

Ch. Florin: Die meisten müssen wohl schon Menschenfischer gewesen sein.

R. Zollitsch: Von Menschen, die ihr Christentum leben, geht eine große Wirkung und Ausstrahlungskraft aus, die ihre Zeitgenossen spüren. Die gibt es

sicherlich auch heute. Aber ich möchte keine bestimmten Personen nennen.

Ch. Florin: Sie sind beide über 70 Jahre alt. Ist es
nicht merkwürdig, dass Sie optimistisch vom Aufbruch sprechen, während viele Jüngere die Auf-
bruchsrhetorik als abgenutzt empfinden?

A. Glück: Das ist verständlich. Ich habe im Zentralkomitee erlebt, dass viele, die über Jahrzehnte engagiert waren, so verletzt und frustriert sind, dass sie
gar nicht mehr glauben können, dass sich in ihrer
Kirche etwas Neues entwickeln könnte.

Ch. Florin: Warum verletzt und frustriert?

A. Glück: Weil sie seit dem Konzil und der Würzburger Synode voller Hoffnung waren, sich seit Jahrzehnten bemühen und trotzdem in den letzten 20 bis
30 Jahren mehr »rückwärts« als »vorwärts« erlebt
haben. Ich selbst habe mich in den vergangenen 30
Jahren in der innerkirchlichen Arbeit nicht engagiert.
Das hat einen doppelten Vorteil: Erstens schleppe ich
nicht solche Frustrationen mit mir herum, und zwei-
tens habe ich mir einen Blick von außen auf die innerkirchlichen Befindlichkeiten bewahrt. Gerade deshalb bin ich besonders erschrocken, wenn ich im
Zentralkomitee höre: »Mein Gott, die Themen haben wir vor 20 oder 30 Jahren auch schon bespro-

chen. Warum sollen wir jetzt eine Chance haben, gehört und ernstgenommen zu werden?«

Wenn es nicht die Erschütterungen des Jahres 2010 gegeben hätte, würden wir die Reformdebatte nicht führen und es gäbe auch keinen Dialogprozess. Im Jahr 2010 sind mehr als 180.000 Katholiken aus der Kirche ausgetreten. Das waren nicht nur Leute, die ohnehin auf dem Sprung waren, das waren Menschen aus der Mitte der Kirche. Ihnen ist der Austritt gewiss nicht leichtgefallen. Das zeigt den Grad der Verletzungen.

CH. FLORIN: Gibt es noch verbotene Themen in der Kirche?

A. GLÜCK: Nicht mehr. Nehmen Sie den ganzen Bereich der Sexualethik. Das war lange innerkirchlich riskant, die Kirche wurde sprachlos und zugleich von außen immer wieder darauf angesprochen. Das beginnt sich durch den Dialogprozess zu verändern, nicht überall – aber doch spürbar.

R. ZOLLITSCH: Es ist eine Frage des persönlichen Glaubens, ob man als Bischof eine offene Diskussion zulässt. Ich habe meine Mitbrüder im Bischofsamt ermutigt, die Initiative zu diesem Dialogprozess zu starten – wenn Sie so wollen, kam also der Anstoß »von oben«. Wir sind uns in der Bischofskonferenz bewusst, dass alle drängenden Themen besprochen

werden müssen. Es darf keine verbotenen Themen
geben. Wir sollten einander offen in die Augen
schauen, wir sollten mit den Ohren und mit dem
Herzen hören. Das Ergebnis ist im Sinne Jesu offen,
Gott weiß, wohin das Ganze führt.

Ch. Florin: Schauen Sie sich denn in der Bischofskonferenz immer in die Augen?

R. Zollitsch: Ich versuche, jedem in die Augen zu
schauen. Ich glaube, Herr Glück kennt mich auch
so. Beim Ständigen Rat der Bischöfe sind die Sitze
so angeordnet, dass jeder jeden sehen kann, bei einer
Vollversammlung mit 70 Leuten ist das anders.

Ch. Florin: Gibt es unter Amtsbrüdern auch Streit?

R. Zollitsch: Es gibt Kontroversen, wir diskutieren
schon sehr intensiv. Etwa über Wege der Neuevan-
gelisierung in einer säkularen Gesellschaft wie auch
über die Zukunft des Priesteramtes und die Rolle
der Laien.

Ch. Florin: Warum muss nach außen Geschlossen-
heit gewahrt werden?

R. Zollitsch: Sie können mir schon glauben, dass
wir engagiert um Antworten ringen. Medien interessieren sich besonders für Konflikte, das bringt mehr

Schlagzeilen als Einigkeit. Aber die Kirche muss ja nicht alles, was die Politik einem vormacht, nachahmen.

CH. FLORIN: Worüber streitet das ZdK?

A. GLÜCK: Wir diskutieren über viele Themen und über Kontroverses. Das ZdK hat eine große Bandbreite. Da muss die Führungsriege schon eine Integrationsleistung vollbringen. Es ist ja keineswegs so, dass man sagen kann: Dort stehen die Bischöfe und hier die Laien. Auch die Laien sind untereinander sehr verschieden. Eine konservative Strömung ist gegenwärtig vor allem auch bei jungen Leuten zu spüren.

CH. FLORIN: Aber als ehemaliger CSU-Politiker sind Sie doch auch ein Konservativer. Sind Sie manchen nicht konservativ genug?

A. GLÜCK: Das ist unwichtig. Mir ist wichtig, dass wir die Vielfalt der Glaubenswege und Frömmigkeitsformen bejahen. Dazu gehört auch das Konservative. Das ZdK muss auch die strittigen Themen aufgreifen. Es gibt in unserer Kirche so viel Angst vor Veränderung. Auch bei Bischöfen.

CH. FLORIN: Wovor hat ein Bischof eigentlich Angst?

R. Zollitsch: Da kann ich nur für mich antworten. Ich habe wenig Angst, das kommt aus meiner Lebensgeschichte. Von der Fluchterfahrung habe ich schon erzählt. Aber auch später habe ich erlebt, dass Angst kein guter Ratgeber ist, erst recht nicht in einer Umbruchszeit. Ich kam 1967 nach Freiburg als Vorsteher ans Priesterseminar Collegium Borromaeum. Damals begannen gerade die Studentendemonstrationen. Zunächst ging es nur um die Erhöhung der Straßenbahntarife, später um die ganze Gesellschaft. Es waren Jahre, in denen Tag und Nacht an der Hochschule diskutiert wurde. Mein Vorvorgänger als Erzbischof von Freiburg, Hermann Schäufele, tat sich sehr schwer damit, sich auf Diskussionen an der Hochschule einzulassen. Ich habe ihm damals geraten, sich der Auseinandersetzung zu stellen. Er hat es getan und die Studenten haben honoriert, dass er den Mut hatte, mit ihnen zu diskutieren.

Ich habe die Erfahrung gemacht: Je mehr Kontakt ich zu den Menschen habe, desto weniger unangenehme Überraschungen muss ich befürchten. Es kann eine Versuchung sein, der aktuellen Diskussion um Kirchenaustritte und mangelnde Gottesdienstbesucher dadurch zu begegnen, dass man sich zurückzieht. Mein Weg ist das nicht. Ich möchte auf Menschen zugehen, ich möchte Menschen gewinnen und nicht nur die halten, die da sind. Wie man reagiert, hängt immer auch vom Naturell des einzelnen Bischofs ab.

Würde und Werte:
Was hat die Kirche der Gesellschaft zu sagen?

Ch. Florin: Wird in der Bischofskonferenz auch schon mal über Gott gestritten?

R. Zollitsch: Natürlich. Wir haben im Zusammenhang mit dem Papstbesuch darüber diskutiert, was heute die Gottesfrage ist. Wie finde ich einen Weg, Menschen zu Gott zu führen? Mit Gott zu konfrontieren? Wie spreche ich heute über Gott?

Ch. Florin: Wenn ich mir die Katholikentage der vergangenen Jahre anschaue, habe ich Zweifel, ob da noch um die Gottesfrage gerungen wird. Der Katholikentag von Osnabrück 2008 ging in die Geschichte ein, weil er so klimaneutral war.

A. Glück: Das ist ein oberflächliches Zerrbild, das hat doch weniger mit dem Programm des Katholikentags zu tun als mit den Medien. Was zum Beispiel im geistlichen Zentrum, in Gottesdiensten und in vielen Veranstaltungen geschieht, wird von der Berichterstattung und damit von der Öffentlichkeit überhaupt nicht wahrgenommen.

CH. FLORIN: Also sind, wie fast immer, die Medien schuld?

A. GLÜCK: Ich rede nicht von Schuld, aber es gibt viel vordergründige Berichterstattung. Ich verstehe ja, dass geistliche Themen schwerer zu vermitteln sind als gesellschaftliche Konfliktthemen oder Veranstaltungen mit Prominenten. Vielleicht liegt es manchmal an unserer Sprache, vielleicht auch daran, dass wir seit längerer Zeit aufgrund der gesellschaftlichen Großwetterlage auch bei Katholikentagen keine Großthemen mehr haben, die die Menschen mobilisieren.

R. ZOLLITSCH: Ich war die ganze Zeit beim Katholikentag in Osnabrück dabei. Ich habe es auch so erlebt, dass nur das, was kontrovers ist oder jemanden in Bedrängnis bringt, in der Öffentlichkeit wahrgenommen wird.

CH. FLORIN: Woran liegt es also?

A. GLÜCK: An der gesellschaftlichen Entwicklung. Damit hat nicht nur die Kirche, sondern auch die Politik zu kämpfen. Die großen ideologischen Auseinandersetzungen gibt es nicht mehr. Krieg und Frieden, Umweltschutz – damit haben Katholikentage und Kirchentage einmal für Aufsehen gesorgt, heute sind das Standardthemen. Wir werden uns auf dem nächsten Katholikentag besonders mit Europa beschäftigen.

CH. FLORIN: Das tun alle anderen aus gegebenem Anlass auch.

A. GLÜCK: Deshalb ist es noch nicht falsch, dass Christen in ihrer Verantwortung als Staatsbürger ihren spezifischen Beitrag leisten. Thematisiert wird ja in der Regel nur die Schuldenkrise, es wird auch viel Angst gemacht – aber kaum diskutiert, was die Zukunft Europas für uns insgesamt bedeutet. Die Zukunft der europäischen Einigung ist unser Schicksal.

Es waren gerade Katholiken, die das europäische Projekt auf den Weg gebracht haben: Robert Schuman, Alcide De Gasperi, Konrad Adenauer. Das ZdK ist weit und breit die einzige gesellschaftliche Gruppe, die über das Aktuelle hinaus sagt: Wir müssen Europa als Wertegemeinschaft stärken, wir brauchen Europa zur Vertretung der uns wichtigen Werte und Anliegen in der Welt. Wenn dieses Europa nicht handlungsfähiger wird, wer wird dann morgen in der globalisierten Welt noch Werte wie die Menschenwürde und die Menschenrechte vertreten?

CH. FLORIN: Was hat denn die Kirche und was hat das ZdK der Gesellschaft zu sagen?

A. GLÜCK: Wir dürfen uns auf keinen Fall nur mit innerkirchlichen Befindlichkeiten befassen. Aber die Zukunft Europas ist nur ein Beispiel von vielen Arbeitsthemen. Von zentraler Bedeutung ist für uns der weite Bereich des Lebensschutzes. Schwerpunkt war dabei im letzten Jahr die Präimplantationsdiagnostik mit vielen Aktivitäten in Richtung Bundespolitik, aber auch vor Ort mit Informationen, Kampagnen und Aktionen.

CH. FLORIN: Ein anderes gesellschaftliches Großthema sehen Sie nicht?

R. ZOLLITSCH: Doch, die Generationengerechtigkeit ist so ein Thema. Wir wissen schon lange, wohin sich Deutschland demografisch entwickelt. Aber offensichtlich interessiert es die Leute zu wenig, was es bedeutet, wenn die Gesellschaft insgesamt älter wird. Wer das Thema immer wieder verdrängt, wird in zehn Jahren voller Schrecken aufwachen und feststellen, wie alt wir geworden sind und wie wenige wir geworden sind.

A. GLÜCK: Wir sind in einer Zeitenwende. Unsere heutige Art zu leben ist nicht zukunftsfähig. Die historische Aufgabe heißt: Eine zukunftsfähige Kultur entwickeln. Die Ursachen der Krisen sind die prägenden Wertvorstellungen. Die Weichenstellungen für eine zukunftsfähige Kultur sind auch die Werte:

statt egoistischer Selbstverwirklichung die Verbindung von Freiheit und Verantwortung.

Konkret also: Verantwortung übernehmen für sich selbst, seine eigene Lebensführung; für die Mitmenschen, denn keiner lebt für sich allein, und wir sind auf das Du angewiesen; für das Gemeinwesen in unserem Selbstverständnis als Bürgerinnen und Bürger; für die Zukunft und damit vor allem für die Nachkommen, auf deren Kosten wir nicht weiter bequem leben dürfen. Gerade um diese Aufgabe zu meistern, brauchen wir die Tugend des Maßes. Aber woher nimmt ein Volk die Kraft, sich so zu verhalten wie Eltern, die um der Zukunft ihrer Kinder willen auf das eine oder andere verzichten? Das alles sind auch Schwerpunkte im Programm des Katholikentags.

CH. FLORIN: Die katholische Soziallehre wird wie eine Monstranz getragen. Aber sie stammt aus einer Zeit, als die Unternehmen noch Unternehmern gehörten und nicht Investoren. Machen Sie sich da nicht etwas vor, wenn Sie sagen, Sie könnten viel einbringen?

A. GLÜCK: Da widerspreche ich ganz entschieden. Zunächst: Die große Mehrheit der Unternehmen wird nach wie vor von Unternehmern getragen und geführt, sind also personengebundene Unternehmen. Dazu zählt schon die ganze Bandbreite des Mittelstandes, das Handwerk, die Freiberufler. In diesen Unternehmen ist die große Mehrheit der Beschäftigten. Aber auch auf den Konferenzen der Manager ist Wertorientierung plötzlich ein wichtiges Thema, weil man gemerkt hat, dass ein nur auf den Nutzen des Augenblicks ausgerichtetes Wirtschaften ins Desaster führt.

In der Situation geht es aber nicht nur um individuelle Moral, um individuelles Verhalten, sondern vor allem um die richtige Ordnung. Genau das ist das Feld der christlichen Soziallehre. Die Folge der Krisen ist ja die Suche nach neuen, tragenden Ordnungen bei uns und international. Es geht ja gegenwärtig um eine weltweite grundsätzliche Auseinandersetzung, einen »Glaubenskrieg« gesellschaftspolitischer und ökonomischer Art: Steht das Kapital und die Kapitalrendite mit schrankenlosem Wettbewerb im Mittelpunkt (das angelsächsische Modell) oder der Mensch und damit die Wirtschaft im Dienste des Menschen (das europäische Modell, bei uns die Soziale Marktwirtschaft).

Die christliche Sozialethik mit den Prinzipien Personalität, Solidarität, Subsidiarität, Nachhaltigkeit müssen wir in diese Zeit und in diese Aufgabenstellungen hineinbuchstabieren. Das ist eine Herausforderung, aber auch eine große Chance. Mich treibt ständig die Frage um, ob wir uns hier entsprechend einbringen, unseren Dienst leisten. Es liegt nämlich an uns, ob wir mit unseren Werten, verbunden mit

Kompetenz und Engagement, Wirkung erzielen. Dafür brauchen wir mehr Menschen aus den kirchlichen Gemeinschaften, die sich im öffentlichen Leben engagieren. Und diese Menschen brauchen mehr Unterstützung von der Kirche.

R. Zollitsch: Ich spüre auch, dass von den Kirchen in diesem Bereich Orientierung erwartet wird. Ich selbst werde oft eingeladen, um vor Wirtschaftsverbänden und Handelskammern zu sprechen. Es gibt offenbar ein Bedürfnis nach Maßstäben des Handelns und nach Werten, die über Finanzwerte hinausgehen.

Ch. Florin: Hält sich die Kirche selbst an diese Maßstäbe?

R. Zollitsch: Natürlich schauen wir darauf, dass wir das kircheneigene Geld verantwortlich anlegen. Wir haben nach dem Zusammenbruch von Lehman Brothers kein Geld verloren, weil wir es nicht in riskanten Produkten angelegt hatten. Ich selbst habe einen ganz einfachen, fast naiven Grundsatz: Wenn ein Berater versuchen würde, mir Papiere anzudrehen mit einer Rendite von 25 Prozent, dann würde ich ihn fragen: Haben Sie denn diese Papiere auch selbst in Ihrem Depot? Wahrscheinlich würde er Nein sagen und damit wäre klar: Ich mache es auch nicht.

Zum ersten Mal hat sich die Kirche in der Kanzlerschaft von Helmut Schmidt zum Thema Verschuldung geäußert. Schmidt war wütend, als ihn die Kirche davor warnte, Schulden zu machen. Jetzt merken wir, wohin maßlose Überschuldung führt. Die Kirche hat die Aufgabe, auch in Wirtschaftsfragen das »Gewissen« zu sein. Die Handelnden sind nicht wir. Aber wir können die Handelnden unruhig und sensibel machen.

CH. FLORIN: Wenn Sie die Kirche neu zu erfinden hätten, was wäre sie dann? Eine Stimme gegen die Überschuldung – oder ist da nicht doch noch was anderes?

R. ZOLLITSCH: Die Kirche ist selbstverständlich nicht in erster Linie dazu da, um eine Stimme in der Schuldenkrise zu sein. Die erste Frage ist die Gottesfrage. Und der Weg zu Gott führt zu den Menschen. Das ist die Botschaft des Evangeliums. All unsere Antworten auf gesellschaftliche Fragen müssen sich aus dem Evangelium ableiten und damit der Achtung vor der Würde des Menschen dienen. Diese Schlüsse sind nicht immer eindeutig zu ziehen.

CH. FLORIN: Wenn es um Finanzmoral geht, würden Ihnen wahrscheinlich 95 Prozent der Deutschen zustimmen. Bei der Menschenwürde sieht das anders aus. Zu Themen wie Abtreibung oder Präimplantationsdiagnostik (PID) ist die Mehrheitsmoral eine andere, da hat sich die katholische Position nicht durchgesetzt. Stehen Sie gesellschaftlich im Abseits?

A. Glück: Das sehe ich anders. Es wird doch in keinem anderen Land so ernsthaft um den Lebensschutz gerungen wie in Deutschland. Wir haben, verglichen mit dem übrigen Europa, die strengsten Regelungen. Das zeigt die Wirksamkeit der christlichen Kirchen und der engagierten Christen. Auch beim Thema Patientenverfügung debattieren deutsche Politiker wesentlich ernsthafter als andere.

In manchen Fragen steckt man in einem Dilemma: Ich habe mich zu Beginn der Stammzellendebatte sehr stark engagiert. Ich habe das erste Mal für eine Stichtagsregelung votiert, das zweite Mal aber nicht mehr, weil wir nicht ständig nachbessern können. Es gab damals ein Gespräch zwischen CSU-Politikern, dem Münchner Kardinal Wetter und dem evangelischen Landesbischof Friedrich. Kardinal Wetter war strikt gegen die Stichtagsregelung; da habe ich ihn gefragt: »Wie ist das, wenn mit dieser Forschung im Ausland Ergebnisse erzielt werden, darf man das dann in Deutschland anwenden?« »Ja, selbstverständlich«, hat er geantwortet. Es gibt Situationen, die sind nicht moralisch einwandfrei zu lösen. Allein schon deshalb ist es ein großer Gewinn, wenn überhaupt in dieser Intensität gerungen wird. Auch meine Position bei der zweiten Entscheidung ist nicht ohne Schwächen, ohne innere Widersprüche. Ich halte es aber für grundfalsch, wenn man christliches Engagement nur auf die Themen Menschenwürde begrenzt. Es gibt viele andere Fragen, wo

Handeln aus christlicher Verantwortung ganz elementar ist.

R. ZOLLITSCH: Es ist richtig, die Position der katholischen Kirche hat sich in mehreren Fragen nicht durchgesetzt, weder bei der Stammzellenforschung noch bei der PID. Aber in einer Umfrage nach der Entscheidung des Bundestages über die Verschiebung des Stichtages bei der Forschung an embryonalen Stammzellen hat sich gezeigt, dass 68 Prozent der Deutschen immerhin der Meinung der Kirche waren. Wie lange das wirkt, weiß ich nicht. Aber wir müssen für das, was wir für richtig halten, kämpfen, auch wenn wir unser Ziel zunächst nicht erreichen. Denn letztlich ist die Wahrheit, das hat Papst Benedikt in seiner Rede im Bundestag deutlich gemacht, keine Frage, über die demokratisch abgestimmt werden kann.

A. GLÜCK: In einer offenen Gesellschaft würde man sich jeder gestaltenden Möglichkeit begeben, wenn man den Kompromiss verachtete. Es ist so leicht, vom moralischen Hochsitz aus zu sagen, was richtig ist. Entscheiden und handeln, das ist viel schwieriger. Hans Maier hat das politische Handeln des Christen auf den Punkt gebracht: Das Christentum hat politisches Handeln rechenschaftspflichtig gemacht vor Gott und den Menschen.

CH. FLORIN: Lässt sich die Kirche auf die Rolle eines ethischen Dienstleisters reduzieren?

R. ZOLLITSCH: Das darf sie sich nicht gefallen lassen. Wir sind nicht in erster Linie eine Agentur für Werte. Unsere wichtigste Aufgabe ist es zu zeigen, woher diese Werte kommen, nämlich aus unserem Glauben an Gott. Ich muss mein Handeln vor Gott verantworten können. Und wo dies gelingt, da wird unser Leben und Zusammenleben erst reich und wertvoll. Wenn sich die Kirche aber auf ethische Dienstleistungen reduzieren ließe, hätte sie sich selbst aufgegeben. Wir haben die Aufgabe, über diese Welt hinauszuweisen.

CH. FLORIN: Papst Benedikt XVI. hat bei seiner Rede im Deutschen Bundestag gesagt, es gebe Politikfelder, die der Mehrheitsentscheidung entzogen seien. So gesehen darf ein katholischer Politiker weder über Stammzellforschung noch über PID abstimmen. Oder habe ich da die katholische Naturrechtslehre falsch verstanden?

A. GLÜCK: Was der Papst im Bundestag gesagt hat, ist insoweit keine Neuigkeit, als Artikel 1 des Grundgesetzes unabänderlich ist.

CH. FLORIN: Und trotzdem bestimmt der Gesetzgeber, wann menschliches Leben beginnt ...

A. GLÜCK: Die für alle rechtsverbindlich und mit Rechtsfolgen verbundene Regelung kann nur der Gesetzgeber setzen. Die einzige Alternative ist der »Gottesstaat« nach jeweiliger Religion. Wer will das? Der Lebensbeginn war auch in der Kirchengeschichte nicht immer so klar definiert wie jetzt. Wir kennen den Begriff der »Beseelung« nicht mehr, aber das war lange eine wichtige Kategorie. Der Mensch begann, wenn er eine Seele hatte. Dafür galten je nach Geschlecht auch noch unterschiedliche Zeitpunkte. Seit der Entwicklung der Naturwissenschaften wurden dann unterschiedliche Grenzen vertreten. Damit verbunden ist die Gefahr einer Rutschbahn. Die eindeutige Grenzrechnung ist die Verschmelzung von Ei und Samenzelle.

Auch am Ende des Lebens gibt es durch den medizinischen und technischen Fortschritt ganz andere Situationen als noch vor 20 oder 30 Jahren. Allein die künstliche Ernährung wirft gravierende Fragen auf. Wertvolle Hilfe, mögliche Heilung einerseits und Manipulation des Menschen, Missachtung der Menschenwürde andererseits sind oft als Möglichkeit nah beieinander. Hier kommen mit den ständig wachsenden Möglichkeiten der Gendiagnostik noch sehr schwerwiegende Fragestellungen auf uns zu. Deswegen hat die Bioethik eine große Bedeutung für unsere humane Zukunft. Wir haben aber keine einfachen Patentantworten.

CH. FLORIN: Ist die katholische Kirche in Fragen der Menschenwürde im Besitz der Wahrheit, Herr Erzbischof?

R. ZOLLITSCH: Wenn Entscheidungen fallen, die meinen Werten nicht entsprechen, muss ich in einer demokratischen Gesellschaft damit leben. Doch man muss für die Wahrheit eintreten. Ich bin der Überzeugung, dass das, was die katholische Kirche zur Menschenwürde formuliert, die Wahrheit ist. Menschenwürde ist etwas von Gott Vorgegebenes, über das der Mensch nicht zu befinden hat. Doch das heißt für mich nicht, dass ich mich Diskussionen entziehe.

A. GLÜCK: Es wäre aber falsch, die ganze Würdefrage nur auf den Lebensbeginn und das Lebensende zu konzentrieren.

CH. FLORIN: Das habe ich auch nicht gesagt.

A. GLÜCK: Das haben Sie nicht gesagt. Aber es gibt schon eine Neigung innerhalb der Kirche, sich nur aufs Bekenntnis zurückzuziehen. Das halte ich für Bequemlichkeitschristentum.

CH. FLORIN: Warum glauben Sie, dass die Gesellschaft auf Sie hören muss?

R. Zollitsch: Der christliche Glaube macht unser Leben und Zusammenleben menschlich, er ermöglicht Frieden, Gerechtigkeit, weil die Nächstenliebe auch den Fremden und Unbekannten einschließt. Und Nächstenliebe ist weit mehr als der Aufruf zu Solidarität. Wir haben viel Positives und Konstruktives in die Gesellschaft einzubringen: das christliche Menschenbild, die katholische Soziallehre. Wir haben die Verpflichtung, uns zu Wort zu melden. Ich würde mir schuldig vorkommen, mehr noch: Ich hätte versagt, wenn ich mich nicht zu Wort melden würde, weil ich um die Verantwortung weiß. Schon Paulus sagt: »Wehe mir, wenn ich das Evangelium nicht verkünde.« Die Maximierung des Gewinns kann doch im Leben der Menschen und einer Gesellschaft nicht alles sein. Der Markt bringt Preise, aber keine Werte hervor!

A. Glück: Es ist ein Irrtum in unserer Kirche, dass sie sich selbst bedauert und glaubt, christliche Werte seien generell nicht mehr gefragt. In Wirklichkeit haben wir seit Langem nicht mehr so viel Aufmerksamkeit wie gegenwärtig, weil andere Gewissheiten brüchig geworden sind. Neue Ordnungen werden gesucht. Generell hat Religion einen ganz anderen Stellenwert als vor zehn Jahren. Wir haben keine Patentantworten, aber wir haben wichtige Orientierungen anzubieten.

CH. FLORIN: Aber viele Papiere, die von der Kirche formuliert werden, wirken routiniert. Man schreibt sie nicht, weil unbedingt etwas gesagt werden muss, sondern weil es eine Kommission gibt. Ebenso routiniert wirkt die Berufung in Ethikräte. Sie, Herr Glück, gehörten einer Ethikkommission zur Atomkraft an. Fragt man sich dann wirklich noch: Was haben wir Ureigenes zu sagen?

A. GLÜCK: Das ist eine Anfrage an die Akteure. Die Mitgliedschaft in Ethikkommissionen ist auch zwiespältig. Die Berufung drückt aus, dass die Kirche als wichtige gesellschaftliche Kraft gefragt ist. Ich merke aber auch, dass wir nicht mehr so selbstverständlich akzeptiert werden. Wir leben in einer pluralen Gesellschaft. Da muss sich die Kirche damit abfinden, dass sie *ein* Akteur unter vielen ist. Sie kann keinen Machtanspruch mehr formulieren.

Wir stehen unter einem ganz anderen Begründungszwang als früher. Früher reichte es tatsächlich oft, ganz allgemein den Anspruch des Christlichen anzuführen. Heute müssen wir sehr viel anspruchsvoller argumentieren. Routine und »das war schon immer so« genügt nicht.

R. ZOLLITSCH: Es kann schon sein, dass die Kirche manchmal in Ethikkommissionen eine Alibifunktion hat. Aber für uns ist es trotzdem wichtig, in solchen Kommissionen vertreten zu sein. Es zeigt: Die Kirche ist eine wichtige und entscheidende gesellschaftliche Kraft. Ich bin leidenschaftlicher Demokrat, ich empfinde es als Herausforderung, dass wir nicht mehr so selbstverständlich wahrgenommen werden, sondern kämpfen müssen. Ich ziehe mich nicht gleich enttäuscht zurück, wenn meine Argumente nicht durchschlagen.

CH. FLORIN: Stellen Sie sich auch selbst die Frage: Was unterscheidet jetzt meine Stellungnahme von der eines Ökonomen oder Rentenexperten?

A. GLÜCK: Ja, sicher. Wir bewerten ja nicht als Wissenschaftler, sondern empfinden uns als Anwalt der Menschen, als Anwalt der Schwächeren. Gerechtigkeit oder gar Barmherzigkeit zum Beispiel ist für Ökonomen keine wichtige Kategorie – für uns ist sie zentral. Wir sollten nicht zu allem und jedem Stellung nehmen, aber wenn es zum Beispiel um das Menschenbild geht, müssen wir uns zu Wort melden. Das betrifft eben nicht nur Anfang und Ende des Lebens, sondern auch die Arbeitswelt, die Familie und andere Lebenswelten. Natürlich gibt es trotz des gemeinsamen christlichen Fundaments innerhalb der kirchlichen Verbände eine große Bandbreite. Der Bund katholischer Unternehmer argumentiert in manchen Fragen der Wirtschaftsordnung anders als die Katholische Arbeitnehmerschaft. Man kann die Antworten nicht direkt aus dem Evangelium ableiten.

Der gemeinsame Nenner ist die Bereitschaft, Verantwortung zu übernehmen. Wir können nicht sagen: Sonntags pflege ich meine Gottesbeziehung und in der Woche gehe ich meinen Geschäften nach.

R. Zollitsch: Ich sehe manchmal schon die Gefahr, dass wir zu sehr als ethischer Dienstleister wahrgenommen werden, weil sich die Kirchen zu zahlreichen Fragestellungen zu Wort melden. Deshalb gilt es immer selbstkritisch zu fragen: Was haben wir Eigenes, was haben wir Spezifisches einzubringen? Wir müssen uns nicht zu jedem Thema äußern, nur um auch dabei zu sein. Dass wir eine Flut von Papier produzieren und von außen nicht mehr erkennbar ist, was uns nun wirklich wichtig ist, ist eine Gefahr.

Ch. Florin: Zukunftsforscher sagen, in ein paar Jahren werden alte Menschen von Robotern versorgt. Das ist nicht unrealistisch, obwohl wir uns heute gegen diese Vorstellung sträuben. Sind die ökonomischen Zwänge nicht doch allmächtig, allen kirchlichen Papieren und Predigten zum Trotz?

R. Zollitsch: Ich habe selbst einmal einen solchen Roboter an einem Forschungszentrum erlebt und muss zugeben, dass ich die Luft angehalten habe, als ich ihm die Hand schüttelte. Es war abschreckend und faszinierend zugleich. Ich habe mich gefragt: Soll er mir nur eine Flasche aus dem Kühlschrank holen? Oder soll er mich auch pflegen, wenn ich krank bin? Bei Letzterem habe ich schon Angst um die Menschlichkeit in unserer Gesellschaft. Menschliche Nähe und Zuwendung sind ein wichtiger und entscheidender Wert, gerade auch für ältere Menschen. Dafür setzen wir uns ein.

A. GLÜCK: Die demografische Entwicklung muss für die Kirche ein ganz großes Thema sein. Wer heute kinderlos ist, kann im Alter nicht auf die Hilfe seiner Kinder und Enkel zählen. Noch wird ja 80 Prozent der Pflege familiär geleistet. Es muss also neue soziale Netze geben. Lothar Späth und Herbert Henzler haben ein Buch veröffentlicht mit dem Untertitel »Warum die Alten nicht das Problem, sondern die Lösung sind«. Sie zeigen, dass sich Senioren auch selbst helfen können und müssen. Mit 60 sind die meisten noch fit. Warum sollen sie sich nicht um 90-Jährige kümmern? Die Kirche hat die Aufgabe, da neue Formen von sozialer Solidarität zu entwickeln.

R. ZOLLITSCH: Bei der Caritas erlebe ich viel Innovatives im Pflegebereich. Zugleich stehen große Organisationen in der Gefahr, sich mit dem Bestehenden zu begnügen. Ich möchte nicht, dass uns nur der Leidensdruck zu Veränderung motiviert. Ich wünsche mir Leute, die von der Sache begeistert sind.

Für mich ist damit aber auch eine Frage an die Politik verbunden. Herr Glück, Sie können ja jetzt offen darüber sprechen, weil sie nicht mehr aktiv sind: Warum denkt die Politik so kurzfristig von Wahl zu Wahl? Wie können wir ihr als Kirche helfen, in größeren Zeiträumen zu denken?

A. Glück: Indem die Kirche es nicht bei moralischen Appellen belässt, sondern wirklich eine öffentliche Debatte darüber führt, wie wir morgen leben wollen, was uns wichtig ist, welche unsere Maßstäbe sind. Für Politiker zählt zur bitteren Wirklichkeit, dass die Wähler nur das Kurzfristige honorieren und zumindest bislang Unpopuläres abstrafen.

R. Zollitsch: Wollen Politiker überhaupt Hilfe? Haben Sie, Herr Glück, von Ihren Parteikollegen Reaktionen bekommen auf Ihr Buch »Warum wir uns ändern müssen«?

A. Glück: Es gibt viel grundsätzliche Zustimmung, den Alltag prägen dann die Mechanismen. Die meisten Politiker lesen auch kaum Bücher, noch weniger solche mit unangenehmen Wahrheiten. Aber ich möchte ja nicht nur die Politiker in die Pflicht nehmen, sondern auch meine Generation. Die normale Haltung des Pensionisten ist doch: So, jetzt habe ich ein Leben lang gearbeitet, jetzt habe ich den Anspruch, ernten zu dürfen. In der Politik ist es geradezu tödlich, dieser Generation etwas zuzumuten. Das gilt als Undankbarkeit.

Dabei sind wir heutigen Senioren eine privilegierte Generation: Wir sind hineingeboren worden in eine Zeit ständigen Wachstums, nicht nur materiell, sondern auch an Lebensmöglichkeiten. Die Generation unserer Eltern hat mindestens so hart gearbeitet wie wir, aber sie hatte nicht annähernd unsere Aufstiegschancen. Die nach uns, schon die mittlere Generation und erst recht die jüngere, gehen eine viel anstrengendere Wegstrecke als wir, die werden hart arbeiten müssen. Wenn wir schon eine privilegierte Generation sind, dann sollten wir auch im dritten Lebensabschnitt nicht nur um uns selbst kreisen.

Ch. Florin: Unter den Kirchenbesuchern finden Sie deutlich mehr 70-Jährige als 35-Jährige. Würden Sie sich trauen, Ihrer Kernkundschaft zu sagen: Engagiert euch für dieses Land anstatt auf Kreuzfahrt zu gehen?

R. Zollitsch: Das habe ich so ähnlich schon gesagt, allerdings nicht als Vorwurf, sondern mehr in dem Sinne: Ihr werdet gebraucht, ihr habt noch eine Perspektive. Man muss der Fairness halber aber auch erwähnen, dass unserer Generation nichts geschenkt wurde. Wir haben bei Null angefangen, und nicht jeder ist ein reicher Rentner geworden.

Ch. Florin: Sehen Sie in gesellschaftlichen Fragen die evangelische Kirche als Verbündete?

R. Zollitsch: Es gibt viele Fragen, in denen wir Verbündete sind. Wir bemühen uns, gemeinsam in die Gesellschaft zu wirken, gerade im sozialen Bereich. Der Papst hat uns bei seinem Besuch in Erfurt aufgefordert, noch stärker gemeinsam Zeugnis von Gott abzulegen. Die beiden Kirchen werden immer dann in ihrer gesellschaftlichen Wahrnehmung geschwächt, wenn sie nicht mit einer Stimme sprechen. Leider gelingt uns das nicht immer. Denken Sie etwa an die Frage der Präimplantationsdiagnostik. Da war die katholische Kirche für ein eindeutiges Verbot, die evangelische nicht.

Ch. Florin: *Versöhnte* Verschiedenheit hört sich anders an …

R. Zollitsch: Wir sind bei anderen Themen in einem guten Gespräch mit der evangelischen Kirche. So sollen zum Beispiel einige Schriften Martin Luthers in einer gemeinsamen Kommentierung herausgegeben werden im Blick auf das Reformationsgedenken im Jahr 2017. Ob wir zu einer gemeinsamen Deutung Luthers kommen, weiß ich nicht. Wir werden versuchen, die Dinge so zu sagen, dass wir uns in die Augen sehen können. Wir werden auch versuchen, das, was wir einander im Laufe der letzten 500 Jahre an Leid angetan haben, zu heilen. Beide Seiten haben sich nicht immer christlich verhalten.

CH. FLORIN: Sind Sie zuversichtlich, dass Sie Luther lieben lernen können?

R. ZOLLITSCH: Wir können zumindest das Anliegen Martin Luthers, die Reform der katholischen Kirche, würdigen. Man muss aber auch sagen dürfen, dass diese Reform zur Spaltung geführt hat, und das sollten wir gemeinsam mit der evangelischen Kirche bedauern.

CH. FLORIN: Wer muss sich mehr überwinden bei einem solchen Bedauern?

R. ZOLLITSCH: Das ist sicher für beide Seiten schwierig. Man kann sicherlich nicht mehr evangelischerseits wie 1917 ein großes Freudenfest feiern anlässlich des Thesenanschlags. Es lohnt sich, zu fragen, was wir vom Reformator als katholisch anerkennen können. Das kostet durchaus auch Überwindung.

A. GLÜCK: Wir Laien werden auf diesem und weiteren Katholikentagen und auf den (evangelischen) Kirchentagen einen starken ökumenischen Akzent setzen. Es soll 2019 wieder einen ökumenischen Kirchentag geben. Aber beim Thema Ökumene sollten wir nicht nur die innerkirchlichen Fragen bedenken. Ich sehe den ökumenischen Dialog auch im Kontext des weltweiten Dialogs der Religionen. Die kulturell motivierten Konflikte nehmen weltweit zu. Es ist ganz wichtig, dass wir Christen einen gemeinsamen Nenner finden.

In der Zeit des Nationalsozialismus gab es Märtyrer auf katholischer und evangelischer Seite. Der Kreisauer Kreis war sehr bewusst eine ökumenische Gemeinschaft. Die gemeinsamen Leidenserfahrungen in der Nazidiktatur waren der Impuls, dass nach dem Zusammenbruch die konfessionelle Spaltung der Parteienlandschaft überwunden wurde. Die Politik wurde zur ersten großen ökumenischen Bewegung in Deutschland.

Monopol und Menschenliebe:
Was hat die katholische Kirche, das andere nicht haben?

CH. FLORIN: Die katholische Kirche hat Sitze in Kommissionen und Rundfunkräten, sie hat staatlich unterstützte Schulen, ihre Geistlichen wirken in Krankenhäusern und bei der Bundeswehr. Kurzum: Sie hat privilegierte Zugänge aus einer Zeit, als sie noch mächtiger war. Wie lange noch?

R. ZOLLITSCH: Von Privilegien möchte ich da nicht sprechen. Die katholische Kirche ist Teil dieser Gesellschaft, wie die evangelische Kirche auch; es sind immerhin rund ein Drittel der Bewohner Deutschlands katholisch, ein Drittel sind evangelisch, das sind gewachsene Elemente. Wir laden ja auch die anderen ein, sich in die Gesellschaft einzubringen, und für meine Begriffe tut der Staat gut daran, diesen Beitrag der Kirchen positiv zu integrieren. Wir Katholiken sind fast 25 Millionen Menschen, die den Staat mittragen und mitgestalten wollen, zum Wohl des Ganzen. Da sollte man nicht Kirche und Staat auseinandertreiben.

CH. FLORIN: Stellen Sie sich vor, es käme der Verband der Persönlichkeitscoaches und würde sagen: Die

Bundeswehr im Auslandseinsatz ist ein interessanter Markt für uns. Aber dieses Segment besetzt schon die Kirche mit ihrer Militärseelsorge. Wie begründen Sie ihre bevorzugte Stellung?

R. Zollitsch: Wir merken gerade jetzt, wie stark die Militärseelsorge gefragt ist, wenn ich an die Soldaten in Afghanistan oder im Kosovo denke. Hier geht es um den Menschen, nicht um ein Geschäft.

Ch. Florin: Aber dem Persönlichkeitscoach geht es ja auch um den Menschen. Was ist Ihr Plus, das außer der Kirche niemand bringt?

R. Zollitsch: Das Plus, das wir bringen, ist die Tatsache, dass wir den ganzen Menschen betrachten, auch seine religiösen Bedürfnisse. Das kann ein Coach in dieser Weise nicht. Zudem geht es uns nicht um Profit, sondern um Seelsorge für die Menschen. Hören Sie etwa Soldatinnen und Soldaten zu, die in Kriegsgebieten eingesetzt waren oder es noch sind: Da brechen in Momenten existenzieller Bedrohung Fragen nach Leben und Tod auf, nach dem Sinn, Fragen, die sich nicht einfach mit Persönlichkeitstraining oder einem Coaching beantworten lassen.

Ch. Florin: Und wenn der Soldat keine religiösen Bedürfnisse hat?

R. Zollitsch: Dann muss er es nicht in Anspruch nehmen, der Soldat ist ja nicht dazu gezwungen. Es ist ein Angebot für alle – auch für Ungetaufte. Und wir merken, dass die Soldaten das annehmen über die Konfessionsgrenzen hinweg, weil sie spüren, dass die Begleitung durch einen Seelsorger ihnen hilft.

Ch. Florin: Aber die Konkurrenzsituationen mit anderen Anbietern von Sinn und Lebenshilfe werden zahlreicher.

A. Glück: Na und?

R. Zollitsch: Wo ist das Problem?

Ch. Florin: Sind Sie dem Wettbewerb gewachsen?

R. Zollitsch: Da habe ich keine Sorge. Denn es geht uns nicht um Wettbewerb, sondern um den Auftrag Jesu. Wir tun, wozu wir als Christen und als Kirche gesandt sind. Nehmen Sie als Beispiel die Gefängnisseelsorge. In den Haftanstalten gibt es auch Psychologen. Trotzdem sind unsere Seelsorger gefragt. Im Gefängnis sind wir bei hilfsbedürftigen Menschen präsent und zeigen, dass wir die Gefangenen nicht abgeschrieben haben. Wenn jemand keinen Seelsorger will, drängen wir uns nicht auf. Aber viele Gefangene, auch die nicht-religiösen, wollen den Seelsorger und nicht zuerst den Psychologen. Ich würde mich schuldig machen, wenn wir diesen Menschen nichts anzubieten hätten. Denken Sie ans Evangelium: »Ich war im Gefängnis, und ihr habt mich besucht.« Das ist eine Aufgabe für uns, ohne dass wir da ein Monopol für die Kirche beanspruchen.

A. Glück: Über eine Mitgliedschaft in solchen Gremien entscheidet der Staat. Von kirchlicher Seite ist zu fragen: Von welchem Verständnis her wird der Dienst geleistet? Als Machtanspruch der Kirche, als Wille, unbedingt überall dabei zu sein? Oder wird der Dienst geleistet aus dem christlichen Selbstverständnis heraus als Dienst für die Menschen? Dann entscheiden die Menschen, ob sie das annehmen oder nicht.

Die katholische Kirche in Deutschland hat aufgrund der geschichtlich gewachsenen Strukturen und des Staat-Kirche-Verhältnisses besondere Chancen, die sie zum Beispiel in Frankreich nicht hat. Inwieweit daraus Wirkkraft entsteht, das liegt daran, ob sich die Kirche verständlich machen kann. Wir haben eine Rechtsstruktur, die der Kirche Zugänge sichert. Ob die in 50 Jahren noch sein werden, das entscheidet der Staat und nicht die Kirche. Noch ist es aber nicht so, dass die Kirche sich aufdrängen müsste, im Gegenteil. Es gibt ein Bedürfnis nach Seelsorge. Richtig ist aber auch, dass wir in einem Wettbewerb vieler Sinnangebote stehen. Von der alten Machtposition hat sich noch nicht jeder verabschiedet.

R. Zollitsch: Wir erfahren gerade in der Militär-seelsorge, dass der Bedarf größer ist, als wir personell stemmen können. Wir tun diesen Dienst nicht um unserer Beschäftigung, sondern um der Menschen willen.

A. Glück: Die entscheidende Frage ist, wie Kirche erlebt wird: Ist es im Sinne eines absichtslosen Dienstcharakters für die Menschen, so wie es Papst Benedikt in seiner ersten Enzyklika formuliert hat? Oder will ich sie kirchenpolitisch vereinnahmen? In der Katholischen Jugend haben wir immer geflachst: »Tischtennis haben sie gesagt und Kommunionbank haben sie gemeint.« Wenn die Angebote nur taktisch sind, sind sie nicht mehr glaubwürdig.

Ch. Florin: Was ist so schlimm an der Kommunion-bank?

A. Glück: Nichts. Die Formulierung bezog sich auf die zu vordergründige Taktik.

R. Zollitsch: *Nur* Taktik ist falsch. Ich sage: »Ihr seid eingeladen zum Gottesdienst, ich freue mich darüber.« Das nimmt niemandem die Freiheit, nein zu sagen.

A. Glück: Es ist wichtig, dass die katholische Kirche diese Freiheit immer ausstrahlt. Sie soll sich nicht als

Institution ausbreiten, sondern den Menschen die Botschaft des Evangeliums erschließen.

R. Zollitsch: Vereinnahmung lassen sich die Menschen ohnehin nicht mehr gefallen.

A. Glück: Nein, aber es geht auch um das Selbstverständnis der Kirche gerade in der Seelsorge. Lässt sie sich darauf ein, Menschen zu begleiten? Das ist ja die klassische Pastoral in Gemeinden, in Krankenhäusern und an vielen anderen Orten.

Ch. Florin: Sie wirken beide ganz entspannt und sagen: Wettbewerb ist toll, wir stellen uns dem gerne, denn die katholische Kirche hat viel zu bieten. Warum müssen Sie so heftig zum Beispiel für den Sonntag und gegen die Kommerzialisierung von Weihnachten kämpfen, wenn sie die Konkurrenz nicht zu fürchten brauchen?

R. Zollitsch: Das muss man im größeren Kontext sehen. Wir setzen uns mit Nachdruck für den Sonntag ein, um zu zeigen, dass es auch noch etwas anderes gibt als Geld und Konsum. Es gibt einen Rhythmus aus Alltag und Sonntag, um des Menschen und der Familie willen, auch um des Gottesdienstes willen. Das ist wichtig für unsere Kultur und unsere Gesellschaft. Was nützt materieller Reichtum, wenn wir zwischenmenschlich verarmen? Die damalige Sowjetunion hat

64

versucht, eine sonntaglose Woche einzuführen. Das hat sich als unmenschlich herausgestellt.

Weihnachten hat für die Gesellschaft eine große Bedeutung, die Leute spüren aller Kommerzialisierung zum Trotz: Da ist noch etwas mehr. Die Kirchen sind überfüllt an Weihnachten, und das ist nicht nur Routine.

Andere Feiertage wie Pfingstmontag und Ostermontag haben es schwerer. Es ist bedauerlich, dass sich die evangelische Kirche mit dem zweiten Feiertag, etwa dem Ostermontag, schwertut. In der katholischen Kirche ist der zweite Tag eine Betonung des Hochfestes. Wir wollen nicht verbissen Feiertage erhalten, weil wir einen gesellschaftlichen Rückzug fürchten, sondern wir versuchen, der Gesellschaft Orientierung und damit etwas Positives zu geben.

Man muss stets überlegen, wofür der Einsatz sich lohnt, was die entscheidenden Dinge sind.

A. GLÜCK: Wir haben eine orientierungslose Modernisierung hinter uns, eine hemmungslose Kommerzialisierung aller Lebensbereiche. Die Hektik des Lebens überfordert Menschen. Die Feiertage sind eine Gelegenheiten für gemeinsame Lebensrhythmen, die eine Gesellschaft ganz dringend braucht, um Gemeinschaft erleben zu können. Es ist etwas anderes, ob jeder seinen freien Tag in der Woche flexibel wählen kann oder ob für eine große Mehrheit der Sonntag frei ist. Die Kirche hat, auch wieder mit Blick auf den Menschen, die Aufgabe, sich gegen die völlige Flexibilisierung zu wehren. Auch da ist die Argumentation anspruchsvoller geworden, es darf nicht so aussehen, als verteidige die Kirche nur Besitzstände.

CH. FLORIN: Die Kirche als gesellschaftliches Entschleunigungsprogramm. Dringen Sie damit durch?

R. ZOLLITSCH: Wir brauchen Verbündete. Die Gewerkschaften zum Beispiel spüren auch, was es für den Menschen bedeutet, wenn der Arbeitsrhythmus alles bestimmt. Der Mensch braucht Pausen. Ich finde auch die langen Ladenöffnungszeiten schädlich. Ich denke an die Verkäuferin, der diese Stunden mit der Familie fehlen. Ich sehe gar keinen Grund dafür, dass wir uns um des Geldes willen anderen angleichen. Ein Großteil der Bevölkerung ist froh, dass wir diese Positionen vertreten.

CH. FLORIN: Was ist, wenn die Muslime einen eigenen Feiertag beanspruchen, weil sie ihren Rhythmus bedacht wissen wollen? Dann müssten Sie vermutlich heftig schlucken, Herr Erzbischof?

R. ZOLLITSCH: Ich gebe zu: Das wäre etwas völlig Neues. Wenn dies gefordert würde, müsste man vieles bedenken. Aber ich würde mich auch fragen, ob diese gesellschaftliche Gruppe so groß ist, dass sie einen solchen Anspruch anmelden kann.

CH. FLORIN: Bei rund vier Millionen Muslimen in Deutschland dürfte die Gruppe groß genug sein.

R. ZOLLITSCH: Wir sind 50 Millionen Christen in Deutschland.

CH. FLORIN: Aber es werden neue Moscheen gebaut, während Kirchen beider Konfessionen umgewidmet werden müssen.

A. GLÜCK: Bei den Muslimen ist die Kirchenbindung nicht größer als die der Christen. Die andere Frage ist, inwieweit eine immer stärker werdende Minderheit im Hinblick auf ihre religiösen Feste irgendwo auch ihren Platz findet. Das geht weit über das Thema Kirche hinaus. Wir haben kulturelle Prägungen, einen kulturellen Rhythmus. Da kommen wir an einen schwierigen Punkt: Wie geht man als Mehrheitskultur mit der Minderheit um? Ich glaube, es gäbe in Deutschland große Akzeptanzprobleme. Einen muslimischen Feiertag für die ganze Bevölkerung würde die Mehrheit als Bedrohung empfinden.

CH. FLORIN: Würden Sie sagen: Die katholische Kirche weiß am besten, was für die Menschen gut ist?

R. ZOLLITSCH: »Am besten« – das klingt mir zu einfach, zu plakativ. Aber die katholische Kirche setzt sich engagiert ein für das, was für die Menschen gut ist, was unserem Leben und Zusammenleben Halt und Orientierung, Tiefgang und Weite gibt. Wir sind der Überzeugung, dass uns im katholischen Glauben der Weg zu einem »Mehr« an Leben geschenkt ist.

Ch. Florin: Das können Sie nach allem, was wir nun besprochen haben, selbstbewusst behaupten?

R. Zollitsch: Sagen wir es so: Wir nehmen den Menschen in seiner Natur ernst, wir sehen ihn als Person, nicht nur als Arbeitskraft. Wir fragen, was dem Menschen dient. Wer nur die Wirtschaft sieht, wird blind. Der Glaube an Gott weitet den Horizont und öffnet die Augen für das Wesentliche.

A. Glück: Die Kirche steht mit den gesellschaftlichen Veränderungen auch in einem Lernprozess. Nehmen wir das Familienbild als Beispiel: Frauen sind ja nicht nur deshalb berufstätig, weil die wirtschaftlichen Verhältnisse das erzwingen. Sie wollen arbeiten, es ist ein wichtiger Lebensbereich. Die Kirche hat lange am Leitbild der Hausfrau und Mutter festgehalten, jetzt gibt es eine große Vielfalt an Lebenswegen, in der Kirche und in der Gesellschaft. Dieser jahrzehntelange Streit, den ich auch in der CSU erlebt habe, hat mir gezeigt: Die Kirche weiß nicht immer von vornherein besser, was die Menschen brauchen. Was bleibend gilt, sind die zentralen

Werte wie Treue und Verlässlichkeit, Partnerschaft auf der Basis der Gleichberechtigung, Verantwortung für die Erziehung der Kinder.

CH. FLORIN: Wer weiß es denn besser als die Kirche? Der Mensch selbst? Oder müssen wir freien Menschen nicht oft im Rückblick sagen: »Das habe ich eigentlich nicht gewollt, aber ich hatte keine andere Wahl«?

A. GLÜCK: Richtig. Wir machen nun jedoch menschliche Grenzerfahrungen. Welternährung, Energie, Rohstoffe – überall sehen wir die Grenzen des Wachstums. Gesellschaftliche Veränderungen sind immer nur möglich mit Leidensdruck. Wir müssen uns verändern, wir können nicht einfach weitermachen wie bisher und behaupten, das sei unser freier Wille. Früher waren alle, die Nachhaltigkeit forderten, grüne Spinner, heute hat dieser Gedanke die Top-Etagen der Wirtschaft erreicht. Auch da fragt man sich: Wachstum wofür? Der alte Fortschrittsglaube ist an sein Ende gekommen. Ich fände es faszinierend, ein neues Wohlstandsmodell aus christlicher Perspektive zu entwickeln – eines, das nicht alles am Bruttosozialprodukt misst.

Norm und Nostalgie:
War früher mehr Moral?

CH. FLORIN: Wenn ich eine Zwischenbilanz ziehe, warum Deutschland die katholische Kirche braucht, dann lautet die Antwort bisher: weil sie Anwalt der Menschen ist. Das vorherrschende Kirchenbild ist aber nicht das der Barmherzigkeit, sondern das einer Kirche der Norm.

R. ZOLLITSCH: Die Kirche ist Anwalt der Menschen, weil sie Anwalt Gottes in dieser Welt ist. Wie dies ganz konkret zu geschehen hat, muss stets neu geklärt werden. Und dass es eine Spannung zwischen Anspruch und Wirklichkeit gibt, ist eine Erfahrung die ganze Kirchengeschichte hindurch. Weil ich diese Spannung auch heute spüre, habe ich gemeinsam mit meinen Mitbrüdern in der Bischofskonferenz einen bundesweiten Dialogprozess angestoßen. Wir sprechen mit engagierten und mit distanzierten Christen, mit Priestern, Bischöfen und Laien. Ich kann es nur noch einmal betonen: Wir möchten eine hörende, eine pilgernde und eine dienende Kirche.

A. GLÜCK: Es gibt eine breite Übereinstimmung darin, was eine barmherzige Pastoral bedeutet. Das ist für mich die wichtigste Erkenntnis des bisherigen Dialogprozesses. Aber es stimmt, die Wahrnehmung von Kirche driftet krass auseinander. Der Soziologe Franz-Xaver Kaufmann schreibt, dass von den Kirchen nach wie vor viel erwartet wird für die Wertorientierung und die Wertebildung in der Gesellschaft, ihre Positionen aber für die private Lebensführung zunehmend irrelevant werden. Ihre Normen werden immer weniger als verbindlich empfunden. Diese Entwicklung ist seit den Missbrauchsfällen noch verstärkt worden.

R. ZOLLITSCH: Der unmittelbare Auslöser für den geistlichen Dialogprozess waren zunächst pastorale Fragen. Dann kamen die Missbrauchskrise und der damit verbundene Vertrauensverlust hinzu, die das Bestreben nach einem Dialog verstärkt haben.

CH. FLORIN: Die Glaubwürdigkeitskrise der Kirche kommt auch daher, dass die Menschen an Würdenträger andere moralische Anforderungen stellen als an Politiker oder, in der Missbrauchsdebatte, zum Beispiel an Sportlehrer. Sind diese höheren moralischen Ansprüche gerechtfertigt?

R. ZOLLITSCH: Zunächst ist es schlimm, dass es so viel sexuelle Gewalt in der Gesellschaft gibt, und es ist schlimmer, wenn sie in der Kirche passiert. Wir stehen für andere Werte, und ich muss diese Kritik aushalten. Es gibt jedoch keine Institution in ganz Deutschland, die sich in gleicher Weise an die Aufarbeitung der Fälle gemacht hat. Wir lassen das Ausmaß von einem unabhängigen Wissenschaftler erforschen; wir fragen uns, ob es Strukturen gibt, die den Missbrauch erleichtern, um diese Strukturen dann zu verändern. Wir bemühen uns nach Kräften um Prävention. Ich würde mir wünschen, dass andere sich diesen Diskussionen ebenfalls stellen. Ich muss mir bisweilen den Vorwurf aus den eigenen Reihen anhören, dass wir da *zu viel* aufarbeiten. Man sollte uns aber, trotz aller berechtigen höheren Maßstäbe, zugestehen, dass auch wir nur Menschen sind. Wir beurteilen Vorfälle heute anders als vor 20 Jahren.

CH. FLORIN: Sie, Herr Erzbischof Zollitsch, haben inzwischen zugegeben, dass Sie als Personalreferent in Freiburg Fehler gemacht haben und nicht konsequent gegen Priester, die Kinder missbraucht haben, vorgegangen sind. Hatten Sie damals das Gefühl, das Richtige zu tun?

R. ZOLLITSCH: Es war für mich unvorstellbar, dass solche Dinge in der Kirche passieren – noch dazu in solchem Ausmaß. Wir hatten damals nicht die Faktenkenntnis, die wir heute haben. Wir haben nach damaligem Wissen und Gewissen gehandelt. Hätten wir damals gewusst, was wir heute wissen, hätten wir in mancher Beziehung anders gehandelt.

CH. FLORIN: Haben Sie in diesem Punkt also ein gutes Gewissen?

R. ZOLLITSCH: Ich habe, soweit ich Verantwortung trug, nach dem damaligen Kenntnisstand gehandelt. Und zugleich schmerzt es mich, dass damals den Opfern nicht so geholfen wurde, wie wir das mit dem Wissen von heute tun würden.

CH. FLORIN: Jetzt haben Sie die bereits angesprochene Studie bei dem Kriminologen Professor Christian Pfeiffer in Auftrag gegeben. Wollen Sie wirklich mehr wissen oder geschieht das auch, um das Gewissen zu beruhigen?

R. ZOLLITSCH: Wir wollen wissen, was geschehen ist und wie wir solchen Taten vorbeugen können. Das wird eine sehr umfassende Studie von einem renommierten Wissenschaftler. Wir haben uns keinen Kriminologen oder Psychologen ausgesucht, dem man unterstellen kann, er wolle die Kirche schonen. Die Akten werden allerdings anonymisiert, es werden keine Namen auftauchen.

CH. FLORIN: Genügt Ihnen das, Herr Glück?

A. Glück: Das ist eine sehr wichtige Aktion. Ebenso wichtig ist auch der Umgang mit den Opfern. Man kann durch eine solche Studie nicht einfach einen Hebel umlegen, um Vertrauen zurückzugewinnen. Das dauert lange, und die Bereitschaft zur Transparenz darf sich nicht auf dieses eine Thema beschränken.

Aufs Ganze gesehen, hat die katholische Kirche in Deutschland auf die Verbrechen sehr konsequent reagiert. Diese Studie von Professor Pfeiffer war intern nicht so leicht durchzusetzen; für diese Beharrlichkeit gebührt Erzbischof Zollitsch Respekt.

R. Zollitsch: Es ist den Einsatz wert. Wir zeigen damit, dass wir uns unserer Verantwortung stellen und nicht zuerst mit dem Finger auf andere zeigen. Bei Fragen der finanziellen Anerkennung des Leids der Opfer legen wir Wert darauf, dass die Kirche nicht die Einzige ist, die angesprochen ist. Das würde den falschen Eindruck verstärken, Missbrauch gebe es nur in der Kirche – nur weil wir zur Zeit die einzige Institution sind, die hier konsequent konkrete Aufarbeitung und Hilfe leistet und auch bereit ist, einen Fonds zur Unterstützung der Opfer mitzufinanzieren.

A. Glück: Man muss auch klarmachen, dass die Kirche nicht nur wegen der Erwartung der Öffentlichkeit reagiert.

Cʜ. Fʟᴏʀɪɴ: Aber ohne den Schritt von Pater Klaus Mertes an die Öffentlichkeit im Januar 2010 wäre diese Diskussion nie in Gang gekommen.

A. Gʟüᴄᴋ: Richtig. Er ist viel dafür angefeindet worden, dass er als Mann der Kirche, also von innen heraus, diesen Schritt gewagt hat. Aber der Kirche muss doch spätestens jetzt klar sein, dass sie um der Menschen willen so handeln muss.

R. Zᴏʟʟɪᴛsᴄʜ: Man darf nicht übersehen: Wir haben die Leitlinien schon überarbeitet, bevor Pater Mertes Missbrauchsfälle öffentlich gemacht hat. Wir haben gemerkt, da gibt es dieses Problem mit dem Missbrauch. Aber wir kannten nicht dieses Ausmaß. Es ist eine große Welle gekommen, als es öffentlich wurde. Aber wir waren an dem Thema schon dran.

A. Gʟüᴄᴋ: Ich weiß nicht, Herr Erzbischof, ob wir als Kirche die Kraft gehabt hätten, wirklich so konsequent die Dinge aufzuarbeiten, wenn nicht der Druck von außen gewesen wäre. Ich sehe das alles als großen Reinigungsprozess.

R. Zᴏʟʟɪᴛsᴄʜ: Und als Heilungsprozess.

Cʜ. Fʟᴏʀɪɴ: Wenn die Kirche selbst von vielen Katholiken als moralische Instanz im Alltag nicht mehr wahrgenommen wird, kann Sie das doch nicht ruhen lassen, Herr Erzbischof.

R. Zollitsch: Das lässt uns auch nicht ruhen. Wir wollen im Dialogprozess auch darüber ins Gespräch kommen. Wir wollen uns nicht auf die kleine Herde zurückziehen und sagen: Lass die anderen davonlaufen. Dann würden wir den missionarischen Impetus aufgeben. Ich möchte nicht nur diejenigen ansprechen, die einen lebendigen Kontakt zu unseren Gemeinden haben, die unsere Normen erfüllen, sondern auch diejenigen, die auf der Suche sind, und jene, die suchen und zweifeln.

Wenn Menschen einen Glaubenskurs besuchen oder ein Angebot wie »Exerzitien im Alltag« wahrnehmen, dann heißt das ja noch nicht, dass sie sich in allen moralischen Fragen der Kirche entsprechend verhalten. Aber sie ringen um den Glauben, und das ist schon viel wert. Die Kirche hat immer gewusst, dass wir Menschen sündig sind, deshalb gibt es die Beichte. Der Heilige Vater hat bei seiner Predigt im September 2011 in Freiburg den Jugendlichen gesagt: Es kommt nicht darauf an, wie oft wir hinfallen, es kommt darauf an, wie oft wir mit Jesu Hilfe wieder aufstehen. Ein sehr schöner Satz. Ich möchte nicht in erster Linie den moralischen Zeigefinger erheben, sondern Mut machen.

A. Glück: Mir ist schon klar, dass sich die Kirche nicht einfach von bestimmten Normen verabschieden kann, aber ich wünsche mir mehr Bereitschaft, auf die konkreten Lebenssituationen einzugehen. Nehmen wir das Sakrament der Ehe. Es gibt das Prinzip der Unauflöslichkeit, und wir sehen die Wirklichkeit, nämlich dass auch immer mehr katholische Ehen scheitern und geschieden werden. Es geht uns nicht um eine Billiglösung nach dem Motto: Jeder soll heiraten, so oft er will. Aber es kann auch nicht, so wie es bisher ist, nur Einzelfallregelungen geben, die von der jeweiligen Einstellung des Pfarrers vor Ort abhängen.

In diesem Zusammenhang finde ich besonders wichtig, was Papst Benedikt im Januar 2012 vor den Richtern der Römischen Rota im Vatikan, des zweithöchsten Gerichtshofs der katholischen Kirche, sagte. Weder der reine Gesetzestext noch der konkrete Einzelfall dürften die alleinige Richtschnur für die Interpretation des Kirchenrechts bilden. Beides dürfe nicht verabsolutiert werden. Der Papst plädierte jedoch für eine stärkere Berücksichtigung der kirchlichen Wirklichkeit bei der Auslegung des Kirchenrechts. Ich denke, hier sind wichtige Ansätze für die weitere Arbeit beschrieben.

Ch. Florin: Was erhoffen Sie sich?

A. GLÜCK: Als Nahziel halte ich es für notwendig, Richtlinien, Orientierungen für die Bewertungen der verschiedenen Situationen zu erarbeiten, die dann allgemein Maßstab sind. Warum lernen wir hier nicht von der Praxis der Ostkirchen, wo eine zweite Ehe gesegnet werden kann und die volle Teilnahme am Gottesdienst dazugehört? Das könnte ich mir zum Beispiel auch als Regelung für die katholische Kirche vorstellen. Es müsste auch Auswirkungen bis ins Arbeitsrecht hinein haben: Es kann doch nicht sein, dass die Leiterin eines katholischen Kindergartens die Kündigung bekommt, wenn sie wieder heiratet, aber bleiben darf, wenn sie mit dem Mann unehelich zusammenlebt. Auch da geht es um Glaubwürdigkeit der Kirche insgesamt.

CH. FLORIN: Ist es vorstellbar, dass Sie auf dem Katholikentag wiederverheiratete Geschiedene, denen der Empfang der Kommunion ein ernsthaftes Anliegen ist, ausdrücklich zur Eucharistie einladen, Herr Erzbischof?

R. ZOLLITSCH: Nein, das ist nicht möglich. Die Situation ist nicht so einfach. Da muss noch vieles geklärt werden. Es gibt ja zum Beispiel auch den Fall, dass eine Frau sagt: Mein Mann hat mich und die Kinder wegen einer anderen verlassen, nun will er die andere Frau heiraten. In einem solchen Fall wird eine einseitig verstandene Barmherzigkeit als Ungerechtigkeit empfunden. Wir haben also auch die Verantwortung, die Menschen zu hören, die mit der Erfahrung leben, von ihrem Partner, ihrer Partnerin verlassen zu sein.

CH. FLORIN: Aber was haben Sie denn in dem Interview mit der ZEIT gemeint, als sie kurz vor dem Papstbesuch in Deutschland Barmherzigkeit gegenüber wiederverheirateten Geschiedenen ankündigten?

R. ZOLLITSCH: Wir suchen Wege, um diesen Menschen stärker zu helfen. Dabei geht es insgesamt um die Frage der Pastoral im Blick auf sie, um ihren Ort in den Gemeinden. Sie gehören zur Kirche. Wir wollen deutschlandweit gemeinsame Wege finden in Anbindung an die Universalkirche. Das ist das Ziel; und das braucht Zeit.

A. GLÜCK: Ich würde ebenfalls sagen, dass wir das nicht mit einer großen Geste auf dem Katholikentag deutlich machen können. Das würde polarisieren. Aber wir haben nicht beliebig viel Zeit. Früher war eine gewisse pastorale Bandbreite selbstverständlich, heute muss der Pfarrer fürchten, beim Bischof angeschwärzt zu werden. Dann gerät der Bischof unter Druck und interveniert. Da braucht es schon ein klares Signal, wohin der Weg führen soll. Es ist nicht so, dass alle unserer Meinung sind.

Das ZdK wird in dieser Frage ein drängendes Element sein, das ist unsere Aufgabe. Es wird immer Katholiken geben, die diesen Weg nicht mitgehen. Aber es wird sich ein gemeinsamer Nenner finden lassen. Wir können doch nicht einfach tatenlos zusehen, dass immer mehr Menschen wegbleiben. Nicht wegen der Kirchenstatistik, sondern wegen der Menschen.

CH. FLORIN: Passt sich die Kirche nicht zu sehr der Gesellschaft an, wenn sie die Ehe in Frage stellt?

R. ZOLLITSCH: Das ist ein Vorwurf, mit dem ich oft konfrontiert werde. Ich stelle auf gar keinen Fall das Sakrament und die Unauflöslichkeit der Ehe in Frage. Wir alle spüren, dass diese Auseinandersetzung sehr hart geführt wird. Mein Anstoß in dem ZEIT-Interview hat polemische Reaktionen hervorgerufen; ich bin von einigen Kreisen regelrecht verketzert worden. Ich werde niemanden verketzern. Wir müssen bessere Wege finden, wie wir mit denen, die am Ideal scheitern, umgehen. Wir tragen Verantwortung für das Heil der Menschen. In diesem Zusammenhang sehe ich die Frage nach den wiederverheirateten Geschiedenen.

CH. FLORIN: Joseph Ratzinger hat schon 1994 als Chef der Glaubenskongregation in dieser Frage jede Veränderung abgelehnt. Wie viel Spielraum haben Sie da als Bischof, wenn Sie wissen, der Papst sieht das anders als Sie?

R. Zollitsch: Es ist wichtig und notwendig, auf diesem Gebiet etwas voranzubringen. Wir müssen mit wiederverheirateten Geschiedenen anders umgehen als bisher. Aber es ist klar, dass wir, wenn ein Sakrament betroffen ist, auch immer die Gesamtkirche im Blick haben müssen. Ich kann als Vorsitzender der Bischofskonferenz nicht jetzt schon sagen, was das Ergebnis sein wird. Ich will die anderen Bischöfe mitnehmen. Aber Sie können sicher sein, dass wir an der Frage dranbleiben.

Ch. Florin: Laut Lehramt gehört nach wie vor zu einem gut katholischen Leben, dass ich die Sakramente empfange, dass Sex nur in der Ehe stattfindet und diese Ehe lebenslang hält. Oder verstehe ich da etwas falsch?

R. Zollitsch: Wir können uns nicht davon verabschieden, das Ideal und die daraus folgenden Konsequenzen aufzuzeigen. Die Menschen sehnen sich nach lebenslanger Treue; sie sehnen sich nach einem anderen Menschen, der sie aufrichtig liebt. Wenn es nicht allen gelingt, das zu leben, kann das kein Grund sein, sich vom Ideal zu verabschieden. Es geht um beides: um die Sorge für diejenigen, die scheitern, als auch um Unterstützung, damit Ehe ein Leben lang gelingt. Hier gibt es bei vielen Ehepaaren große »Erfahrungskompetenz«, die es für andere fruchtbar zu machen und an sie weiterzugeben gilt, etwa: Wie haben Ehepaare Krisen gemeistert und sind dadurch in ihrer Liebe gewachsen? Und zugleich dürfen wir – das ist richtig – nicht die Augen davor verschließen, dass heute etwa 40 Prozent der Ehen scheitern. Aber nicht die Moral muss sich ändern. Die Pastoral muss sich dieser Menschen annehmen. Darum ringen wir.

CH. FLORIN: Interessiert sich außer uns Journalisten noch jemand für die Sexualmoral der katholischen Kirche?

R. ZOLLITSCH: In der Seelsorge machen wir die Erfahrung, dass sich die jungen Leute für damit verbundene Themen interessieren. In Ehevorbereitungsseminaren und Kursen für Ehepaare wird eher gefragt: Wie gestalte ich meine Partnerschaft? Wie gehe ich mit Kindern um? Wie sieht ein gelingendes Leben aus? Es geht eher um Lebenshilfe, weniger um Sexualmoral. Ich bin ohnehin nicht dafür, Moral zuallererst als »Du sollst nicht« zu definieren. Das Erste, was Jesus gesagt hat, war: »Das Reich Gottes ist nahe.« Der Ruf nach Umkehr ist erst der zweite Schritt, der dann nicht ausbleiben darf.

A. GLÜCK: Die katholische Kirche wird schon sehr stark im Sinne einer Gesetzesreligion erlebt. Mich hat das Papstwort vom »hörenden Herzen«, von dem er im Bundestag gesprochen hat, fasziniert. Das wäre ein ganz wichtiges Leitwort für uns in der Kirche, in der Pastoral. 90 Prozent der Katholiken halten die Enzyklika »Humanae Vitae«, also die Aussagen zur Empfängnisverhütung, für irrelevant, sie entscheiden selbst, ob und wie sie verhüten. Die Kirche selbst, und nicht nur die Medien, verengt die ganze Sozialethik auf die Frage, ob Geschlechtsverkehr vor der Ehe erlaubt ist und wie Geburtenplanung aussieht. Als sei das der Kern der Beziehungsethik. Eigentlich geht es doch auch hier um die Würde des anderen. Wir sind aber sprachlos geworden als Kirche, es gelingt uns in der ganzen Verkrampfung beim Thema Sexualität nicht zu zeigen, was die eigentliche Botschaft ist, nämlich der verantwortliche Umgang mit dem anderen.

Man soll auch hier nicht so tun, als sei früher alles besser gewesen. Gerade in der bürgerlichen und oft kirchennahen Welt gab es viel Doppelmoral.

CH. FLORIN: Muss man nicht nur die Pastoral ändern, sondern auch die Moral?

A. GLÜCK: Nicht die Moral als solche, die Kernbotschaft des verantwortlichen Verhaltens ist gültig. Aber man muss in ihrer Botschaft, in den Maßstäben mehr die qualitativen Ziele vermitteln, etwa das Ziel einer entsprechenden Qualität der Beziehung, dass eben nicht das eigene Ego im Mittelpunkt steht.

R. Zollitsch: Ich glaube, man nimmt zu wenig zur Kenntnis, dass dies doch schon geschieht.

A. Glück: Entschuldigung, aber viele in der Kirche tun so, als führten die Leute heute ein zügelloses Leben. Da siegt die Fantasie des Negativen über die Wirklichkeit. Es gibt sicher auch problematische Entwicklungen, aber früher war bestimmt nicht alles besser.

R. Zollitsch: Wer predigt denn noch mit erhobenem Zeigefinger? Ich jedenfalls nicht. Als Kind habe ich gehört, dass es eine schwere Sünde ist, sonntags nicht in die Kirche zu gehen. Das gilt es heute differenzierter zu sagen. Allein der Hinweis auf das Gebot reicht nicht. Und trotzdem kann niemand behaupten, es sei egal oder zweitrangig, ob man zum Sonntagsgottesdienst geht oder nicht.

Die Zeit der einfachen Schwarz-Weiß-Malerei ist vorbei. Das macht das Leben heute schwieriger und einfordernder. Und es entspricht der christlichen Freiheit und der Verantwortung des Einzelnen viel stärker. Aber manche Menschen verlangen allzu einfache Entweder-oder-Ansagen. Wir müssen die Menschen mit Argumenten überzeugen und für den Glauben an Jesus Christus gewinnen.

A. Glück: Ich sehe die Spannung für die Amtsträger, die mit all den moralischen Fragen verbunden ist.

Nehmen wir noch einmal das Thema wiederverheiratete Geschiedene. Da haben viele den Eindruck: Es dominiert das Gesetz gegenüber der Liebe. Da haben wir, glaube ich, ein Dilemma. Ich kann es auch nicht sauber auflösen, aber wir müssen diesen Konflikt ehrlich benennen.

CH. FLORIN: Wenn der Papst im Freiburger Konzerthaus über das Selbstverständnis der Kirche spricht und als Empfehlung ein Wort wie »Entweltlichung« verwendet, klingt aber doch an, dass die Welt schmutzig ist. Ist die Welt wirklich so schlimm oder ist sie besser als vor 70 Jahren?

A. GLÜCK: Wenn ich die Welt nur auf Sexualmoral und Scheidungsraten verenge, dann sieht es so aus, als sei die Welt schlechter geworden. Aber wenn ich Moral umfassender betrachte, im Sinne einer verantwortlichen Lebensführung, da muss ich sagen: Früher wurde vieles durch Zwang zusammengehalten, heute muss jeder eine persönliche Entscheidung treffen, wie er lebt, es gibt weniger sozialen Zwang, Normen einzuhalten. Aber ich sehe das nicht als Verfallsgeschichte.

R. ZOLLITSCH: Zu allen Zeiten haben Leute den Zustand der Jugend beklagt und behauptet, früher sei alles besser gewesen. Aber wir sollten auch nicht verharmlosen: Viele Kinder leiden sehr darunter, wenn ihre Eltern sich scheiden lassen. Da sind wir als Kirche gefordert. Nicht, indem wir über die Freiheit des Einzelnen schimpfen, sondern indem wir helfen, verantwortliche Entscheidungen zu treffen.

A. Glück: Nicht jeder Fortschritt macht die Welt humaner. Alles wird zwiespältiger. Ich sehe es manchmal mit Schmerzen, wie schnell Paare sich trennen, wenn es mal schwierig wird. Früher hat man Belastungen und Durststrecken eher durchgestanden, heute führen nicht selten überhöhte Erwartungen zu Irrwegen und zu Enttäuschungen. Manchmal wäre Gelassenheit gut, denn vieles pendelt sich ja auch wieder ein.

Nehmen wir den Bereich der Erziehung. Da gab es die Extrembewegung der antiautoritären Erziehung, ein Protest gegen die total reglementierte Welt. Dieser Freiheitsrausch hat Fürchterliches angerichtet. Seit einigen Jahren ist aber auch wieder in der öffentlichen Diskussion klar: Man muss in der Erziehung Grenzen setzen.

Ch. Florin: Nicht jeder sieht das so gelassen. Der Papst warnt vor der »Diktatur des Relativismus«. Würden Sie dieses Wort unterschreiben?

R. Zollitsch: Da ist sehr viel dran. In dem Moment, in dem eine Gesellschaft nur wenige allgemein akzeptierte Normen hat, ist die Gefahr der Beliebigkeit gewaltig. Wenn ich an meinen Vater denke – der war kein Mann des Gesetzes, aber er sagte oft den Satz: »Das tut man nicht.« Anstand ist eine Frage des Charakters, das kann man nicht gesetzlich festlegen, das muss man leben. Das schafft Verlässlichkeit, das hilft auch dem einzelnen Menschen. Beliebigkeit macht hilflos, sie überfordert den Menschen. Wenn ich keinen inneren Kompass habe, wenn ich nicht erfahre, dass auch andere sich an klaren Regeln orientieren, dann erliege ich leichter der Versuchung. Hier ist die Kirche gefordert. Wir müssen benennen, wo Freiheit in Beliebigkeit umschlägt.

A. Glück: Ich würde das Wort von der »Diktatur des Relativismus« nicht übernehmen, aber Ansagen nach dem Motto »Alles ist gleichermaßen richtig« sind schon weit verbreitet. Es gab nicht nur früher Sozialkontrolle und Anpassungsdruck; das ist in weiten Bereichen auch jetzt nicht grundsätzlich anders, zum Beispiel was »moderne« Einstellungen sind. Deshalb ist es heute sehr viel anstrengender geworden, eine Orientierung fürs Leben zu finden. In unserer Jugendzeit war klar, was richtig oder falsch ist, daran konnte man sich reiben, aber auch Orientierung finden. Jetzt erleben wir eine Art Selbstbedienungsladen, in dem alle Wertvorstellungen und Lebensstile gleich-gültig nebeneinander im Regal stehen.

Aber mir geht es auch darum, dass wir gegenwärtig in einem Veränderungsprozess sind, in dem es neben den Gefährdungen auch neue Chancen gibt. Die vielen Wertedebatten sind eine Reaktion auf Krisenerfahrungen. Die Menschen erleben, dass Wohlstand allein noch keinen Lebenssinn gibt. Die Menschen suchen neue Orientierungen, und da hat die Kirche viel zu bieten. Es gibt starke Strömungen, die sich nicht mehr auf das Kompromisshafte der modernen Welt einlassen wollen. Sie rufen immer nur: Versagen, versagen, versagen. Das wird weder die Kirche noch die Gesellschaft weiterbringen.

Ch. Florin: Wer sind die starken Strömungen?

A. Glück: All diejenigen, die sich auf eine bekenntnishafte Rolle zurückziehen. Die Freiburger Konzerthausrede hat wichtige Anstöße gegeben, aber sie sollte nicht dazu benutzt werden, jeden Kompromiss mit der Welt zu verdammen. Wer mitgestalten will, muss sich auf Kompromisse einlassen. Wer nur predigen will, hat das nicht nötig.

R. Zollitsch: Wir wollen mitgestalten, das ist ganz klar.

A. Glück: Ja, aber nicht alle gleichermaßen ...

R. Zollitsch: Wir wollen mitgestalten, aber wir dürfen nicht alles mitmachen. »Geiz ist geil« zum Beispiel kann für uns kein Grundsatz sein, auch wenn der Slogan populär und aus werbetechnischer Sicht erfolgreich war. Im Johannesevangelium heißt es, wir dürfen uns nicht der Welt angleichen, wir müssen uns – wenn nötig – auch auf Konfrontationen einlassen. Die Konzerthausrede des Heiligen Vaters am 25. September 2011 in Freiburg habe ich so verstanden, dass wir die richtigen Akzente setzen sollen.

A. GLÜCK: Der Papst propagiert sicherlich nicht den Rückzug aus der Welt ...

R. ZOLLITSCH: Er sagte unmissverständlich bei den ganz unterschiedlichen Begegnungen: Geht hinaus in die Straßen! Jesus hat euch hinausgesandt! Beides gehört zusammen: bei ihm zu sein und zu den Menschen zu gehen. Jetzt geht an die Straßen und verkündet dort das Evangelium – Rückzug hört sich anders an.

A. GLÜCK: Aber dann muss ich mich auch auf die Menschen, auf die verschiedenen Milieus einlassen. Es reicht nicht, wenn wir sagen, was der Welt fehlt. Wir brauchen den Dialog mit der Welt.

R. ZOLLITSCH: Wie der einzelne Mensch dann mit dieser Botschaft umgeht, haben wir nicht in der Hand. Das ist die Freiheit der Entscheidung, die uns Gott lässt.

A. Glück: Ich weiß nicht, Herr Erzbischof, wie Sie das sehen, aber ich habe den Eindruck, da prallen innerkirchlich zwei Welten aufeinander.

R. Zollitsch: Es ist immer die Versuchung da, sich aus der Welt zurückzuziehen. Es ist legitim und auch notwendig, wenn Orden sagen: Wir leben dem Gebet, wir leben in der Kontemplation. Diese Berufung gibt es. Aber wenn ich das für alle fordere, mache ich etwas falsch. Wir brauchen die Breite und die Vielfalt.

A. Glück: Aber ich sehe die Gefahr, dass diese Bandbreite nicht von allen anerkannt wird.

R. Zollitsch: Was wird schon von allen anerkannt? Damit muss ich als Bischof leben. Ich versuche, meinem Auftrag gerecht zu werden und habe mich deshalb immer wieder zu vergewissern, dass ich Gott in den Anforderungen des Alltags nicht nur nicht vergesse, sondern aktiv einbringe.

Reform und Rückstau:
Welche Kirche brauchen wir?

Ch. Florin: Herr Erzbischof, jammert das ZdK zu viel?

R. Zollitsch: Natürlich gibt es Positionen bei Mitgliedern des ZdK, die primär von der Klage bestimmt sind, und Positionen, über die sich Bischöfe ärgern. Aber wir tun den Menschen, die nach Sensationen suchen, nicht den Gefallen, dass wir uns in der Öffentlichkeit streiten. Die strenge Hierarchie in der Kirche, die im 19. Jahrhundert gewachsen ist, ist durch das Zweite Vatikanische Konzil ergänzt und weiterentwickelt worden. Die Leute möchten mitreden, das finde ich auch richtig. Das meine ich zum Beispiel, wenn ich sage, das Zweite Vatikanische Konzil haben wir noch nicht ganz umgesetzt.

A. Glück: Wie Teilhabe für die Gläubigen möglich ist, ist eine der zentralen Fragen für die Kirche. Es geht nicht um demokratische Strukturen etwa für den Inhalt der Verkündigung, über den Glauben. Glaubenswahrheiten können keine Sache von Mehrheitsentscheidungen sein. Dort aber, wo Kirche als Sozialkörperschaft lebt, kann man die Gläubigen mehr in die Verantwortung nehmen, ganz im Sinne der Aussagen des Konzils über das allgemeine Priestertum der Getauften und Gefirmten.

R. Zollitsch: Wir könnten noch stärker zu synodalen Elementen kommen; die gab es in der Kirche schon immer, da haben wir in Deutschland eine ganze Reihe von Gestaltungsmöglichkeiten. Das hat auch die Würzbürger Synode aufgezeigt.

Ch. Florin: Die Würzburger Synode ist ja nun auch schon 40 Jahre her.

R. Zollitsch: Ja, das ist lange her, aber man muss auch die Weltkirche mitdenken. Was die Mitverantwortung der Laien betrifft, ist die Situation sehr verschieden auf den einzelnen Kontinenten. Für mich stellt sich immer zuerst die Frage nach dem Heil des Menschen, wie es uns von Jesus Christus aufgetragen ist, und darum schauen wir, wie wir möglichst viele mitnehmen. Das macht den Prozess deutlich langsamer.

A. Glück: Bei uns gehen viele weg, wenn sie merken, die Kirche reagiert gar nicht oder sehr langsam.

R. Zollitsch: Das scheint mir zu einfach geurteilt. Die evangelische Kirche hat mehr Mitbestimmung, und da gehen auch viele Menschen weg. Die Gründe liegen demnach tiefer.

A. GLÜCK: Teilhabe, Mitverantwortung löst nicht automatisch die Schwierigkeiten der Glaubensverkündigung heute. Bezogen auf die Weltkirche stellt sich die Frage auch noch mal ein Stück anders: Wie viel Einheitlichkeit muss in der Weltkirche tatsächlich sein? Wie viel Vielfalt braucht man? In Indien, einem Land, das noch sehr vom Kastensystem geprägt ist, wäre es absurd, das Thema partnerschaftliche Kirche zu diskutieren. Aber die Probleme, die wir in Deutschland haben, haben wir fast in der ganzen westlichen Zivilisation ziemlich genauso. Südamerika, Afrika oder Asien haben andere Probleme. Vielleicht würde manches sich leichter entwickeln können, wenn man das, was unveränderlich ist, von zeitbedingten und kulturell unterschiedlichen Ausdrucksformen unterscheidet.

Bei allem, was uns momentan an Strukturfragen beschwert, bleibt doch die wichtigste Aufgabe: Wie können wir denn dem Menschen von heute, der nicht mehr von Kindheit an mit der Kirche aufwächst, Glauben vermitteln? In beachtlichen Teilen unserer Kirche wird die moderne Entwicklung nur als Verfallsgeschichte wahrgenommen. Aber in der Zeit, als es noch einen geschlossenen katholischen Kosmos gab, war die Welt nicht gerechter, nicht humaner.

R. ZOLLITSCH: Wieweit die Welt damals humaner und gerechter war, mag offen bleiben. Wir müssen unseren Weg heute gehen. Dabei muss der Weg, den wir als Kirche in Deutschland gehen, kompatibel sein mit dem Ganzen der Weltkirche. Wir brauchen Freiheit und Vielfalt. Wir brauchen überzeugte Menschen. Man kann nicht alles kontrollieren, Fehler werden gemacht. Verantwortliche können ihre Aufgabe nur wahrnehmen, wenn sie auf Gott vertrauen und andere ihnen Vertrauen entgegenbringen.

CH. FLORIN: Das Wort Zentralkomitee klingt nach untergegangenen kommunistischen Staaten. Denken Sie nicht mal über eine Umbenennung nach, Herr Glück?

A. GLÜCK: Diese Debatte ist schon oft geführt worden, die Assoziationen sind uns natürlich bewusst. Oft bekomme ich Briefe, die an den »Zentralrat der Katholiken« gerichtet sind. Trotzdem ist der Wiedererkennungswert hoch. Dieses Zentralkomitee der deutschen Katholiken ist das älteste der Welt, seine Wurzeln liegen in der Bismarck-Zeit. Der Name ist erklärungsbedürftig, aber wir haben derzeit viel wichtigere Themen.

CH. FLORIN: Sie vertreten nicht alle Katholiken, sondern den traditionellen Verbandskatholizismus. Neue geistliche Gemeinschaften fühlen sich von Ihnen nicht repräsentiert.

A. GLÜCK: Das stimmt so nicht. Es gibt keine andere Vertretung mit dieser Bandbreite und mit dieser Legitimation durch Wahlen. Im ZdK sind vor allem die vertreten, die im Alltag in den Pfarreien und Diözesen und in vielen Gemeinschaften das kirchliche Leben prägen. Unsere Delegierten werden gewählt, niemand unserer Delegierten bei der Vollversammlung ist nur ernannt. Auch die Gruppe der sogenannten freien Persönlichkeiten, die also keinen Verband vertreten, wird durch die Vollversammlung gewählt. Ich sehe keine andere Struktur in unserer Kirche, die gleichermaßen so breit und demokratisch legitimiert wäre. Das heißt natürlich nicht, dass sich jeder von uns vertreten fühlt. Aber das kann kein Grund sein, die Laien gegen die Amtsträger auszuspielen. Es gibt genug Katholiken, die sich von ihrem Ortsbischof nicht ganz vertreten fühlen. Wir sind jedenfalls offen für die ganze Bandbreite.

R. ZOLLITSCH: Aber die geistlichen Gemeinschaften sind nicht in gleicher Weise im ZdK verortet und wählen keine Vertreter von sich aus, ihre Repräsentanten werden vom Zentralkomitee gewählt. Da sehe ich schon Optimierungsbedarf. Die Übermacht der Verbände ist durchaus spürbar.

A. GLÜCK: Die geistlichen Gemeinschaften haben nach unserer Satzung acht Plätze. Die Kandidaten dafür werden von diesen Gemeinschaften benannt und über die Arbeitsgemeinschaft der katholischen Organisationen in die Vollversammlung gewählt.

CH. FLORIN: Steht das ZdK für den Katholizismus von heute oder für den von vor 30 Jahren?

A. GLÜCK: Den Vorwurf, unsere Räte würden einen veralteten Katholizismus vertreten, kann ich nicht gelten lassen. Uns wird ja oft eher zu viel »Modernismus« vorgeworfen, häufig von denen, für die auch das Konzil zu viel »Modernismus« ist. Oder meint der Vorwurf, dass der Geist und das Ergebnis des Konzils »veraltet« seien?

Natürlich gibt es Verbandsstrukturen, die schwächer werden, weil die gesellschaftliche Gruppe schwächer geworden ist. Auch im kirchlichen Bereich sind Fusionen von kleinen Gemeinschaften zu einer größeren ein schwieriger Prozess. Das ist fast so schwierig, wie Diözesangrenzen zu verändern.

Wir müssen uns selbstkritisch damit befassen, welche Entwicklungen es gibt, die sich im ZdK gegenwärtig nicht abbilden. Das Neue entsteht ja immer von unten her. Es gibt auch Gruppen, die ganz bewusst nicht bei uns sein wollen, das Forum Deutscher Katholiken zum Beispiel. Die haben ein anderes Kirchen- und Laienverständnis. Das muss man selbstverständlich respektieren. Aber es gibt ohnehin keine Institution, mit der sich jeder in allen Punkten identifiziert.

CH. FLORIN: Wie sieht die Kirche Ihrer Träume aus, Herr Erzbischof?

R. ZOLLITSCH: Es ist eine frohe und lebendige Kirche, die ihre Orientierung durch Gott erhält, Kraft aus der lebendigen Beziehung zu Jesus Christus schöpft und den Menschen zugewandt ist. Wir sind uns dessen bewusst, was uns in der Vergangenheit geschenkt worden ist; zugleich wollen wir unsere Kirche in die Zukunft führen. Dazu brauchen wir eine geistige und geistliche Erneuerung. Damit Glaube, Hoffnung und Liebe wachsen.

A. GLÜCK: Mein Traum ist eine Kirche mit einer starken geistlichen Ausstrahlung, einer inneren Lebendigkeit, die sich vor allem auch in der Kultur des Gesprächs, des Dialogs zeigt, im respektvollen Miteinander. Eine Kirche, die den Menschen zugewandt ist, eine dem Menschen dienende Kirche, die vor allem auch Anwalt der Schwachen ist. Ich wünsche mir sehr, dass wir uns zum 50. Jahrestag des Beginns des Konzils mit dem Geist, dem Mut und der Dynamik des Konzils auf den Weg machen.

CH. FLORIN: Was würden Sie anders machen, Herr Erzbischof, wenn Sie die Kirche neu zu erfinden hätten?

R. Zollitsch: Wir haben die Kirche nicht neu zu erfinden. Sie findet ihren Grund in Jesus Christus. Und zugleich steht die Kirche immer in der Geschichte. Man kann und muss nicht beim Nullpunkt anfangen. Die Kirche ist so geworden, wie sie ist; ich liebe sie so, wie sie ist, und wünsche mir doch, dass sie sich erneuert, noch mehr das Evangelium lebt und so in unserer Zeit Jesus Christus lebendig verkündet.

Ch. Florin: Sie lieben die Kirche so, wie sie ist, und wollen doch einen Aufbruch zu Neuem? Wie passt das zusammen?

R. Zollitsch: Ich nehme sie an, wie sie ist. Es ist nicht das katholische Prinzip, zu sagen: Ich kann jederzeit eine neue Kirche gründen, wenn mir etwas nicht passt. Nein, ich versuche, diese Kirche mitzunehmen in die Zukunft, und ich erkenne in ihr ein gewaltiges Potenzial. In ihr steckt die Kraft zum Aufbruch. Denn immer wieder waren diese Aufbrüche aus der Dynamik des Glaubens möglich. Das lehrt uns die Kirchengeschichte.

Ch. Florin: Was fehlt Ihnen zum Glück?

R. Zollitsch: Ich wünsche mir mehr Beweglichkeit, ganz klar, und auch mehr Bewusstsein für Vielfalt. Eine größere Weite, getragen vom Vertrauen auf die Führung des Heiligen Geistes und vom Vertrauen zueinander. Es muss nicht in Lateinamerika alles so sein wie in Europa. Wenn man um die große Einheit weiß und in ihr verwurzelt ist, kann man mit Vielfalt und Verschiedenheit viel gelassener umgehen. Wir sind in so manchem zu unbeweglich geworden, weil wir oft zu sehr und vor allem auf das schauen, was wir zu bewahren haben. Dieser Blick muss ergänzt werden durch die Bereitschaft, uns mutig im Vertrauen auf Gott den Herausforderungen zu stellen, durch mehr Gottes- und Nächstenliebe und weniger Bewahrungsmentalität.

CH. FLORIN: *Wo* wünschen Sie sich mehr Beweglichkeit, Herr Erzbischof?

R. ZOLLITSCH: Wenn es zum Beispiel um die Beteiligung der Gläubigen und der Mitarbeiter an Entscheidungen geht. Da nutzen wir in Deutschland noch nicht alle Möglichkeiten.

CH. FLORIN: Aber Sie sind doch der Vorsitzende der Deutschen Bischofskonferenz. Wer hindert Sie daran, etwas durchzusetzen?

R. ZOLLITSCH: Wir sind ein Gremium von Gleichberechtigten. Es geht nicht darum, dass einer sich durchsetzt. Ich bin auf dem Weg und weiß, dass wir Zeit und oft auch den langen Atem brauchen. Dabei gilt es, möglichst viele zu überzeugen und mitzunehmen – auch solche, die sich schwerer tun mit Veränderungen. Das ist nicht immer nur eine Frage von Sachthemen, sondern auch eine Frage des Naturells.

CH. FLORIN: Sie würden doch sicherlich vieles ganz anders erfinden, Herr Glück?

A. GLÜCK: Es spielt gar keine Rolle, wie ich die Kirche oder die Bischofskonferenz erfinden würde. Das Zentrale des christlichen Glaubens ist doch, dass wir nicht nur eine allgemeine Beziehung haben zwischen dem Menschen und einem göttlichen Wesen, sondern dass dieser Gott bei uns gegenwärtig ist. Das Christentum ist insoweit eine diesseitige Religion. Wenn wir für das Reich Gottes arbeiten, dann heißt das ja nicht: für meinen Platz im jenseitigen Reich – ja, dann wäre mein Ego im Mittelpunkt. Wir sollen Liebe und Gerechtigkeit in diese Welt tragen, das heißt: Zuwendung zum einzelnen Menschen, Barmherzigkeit und die Arbeit an einer gerechten Ordnung.

Lange Zeit gab es das Verständnis, die Kirche sei mit ihrer Barmherzigkeit nur der Reparaturbetrieb der Gesellschaft. Das hat von ungerechten Strukturen abgelenkt. Überspitzt formuliert: Wenn der Reiche gleichzeitig auch gute Werke getan und Almosen gegeben hat, war alles halb so schlimm. Das geht heute nicht mehr. Wir dürfen uns nicht auf Almosen beschränken, wir brauchen eine gerechte Ordnung.

Ich möchte eine Kirche, die Maßstäbe des Handels formuliert. Die sich einmischt. Doch das allein wäre freilich zu wenig.

Mich beschäftigt sehr die Frage, woran es liegt, dass die Kirche vielen Menschen die Botschaft des Evangeliums nicht mehr zugänglich machen kann. Wir können Glauben nicht weitergeben, wie ich ein Vermögen weitergeben kann; letztlich ist Glaube immer Gnade und lässt sich nicht erzwingen. Not lehrt Beten, sagt ein Sprichwort. Die seelische Not nimmt zu, und trotzdem wird unsere Botschaft eines bedingungslos liebenden Gottes wenig wahrgenommen.

Ch. Florin: Woran liegt es?

A. Glück: Da habe ich kein Patentrezept. Einige Aspekte dazu: Wir vermitteln nicht den Eindruck, uns auf die Menschen einzulassen. Die Kirche hat durch den Missbrauchsskandal Vertrauen verloren, sie steht im Verdacht, sich um die Institution mehr gesorgt zu haben als um die Menschen. Vertrauen lässt sich nicht schnell zurückgewinnen. Das Erste ist wohl, dass wir uns einlassen auf die Erfahrung der Menschen, die Vertrauen verloren haben, dass wir sie ernst nehmen. Das Zweite ist, dass wir die Nöte unserer Zeit ansprechen. Wir haben eine starke innerkirchliche Strömung, keineswegs nur im konservativen Bereich, die sich darin genügt, Spiritualität und innerkirchliches Leben zu pflegen. Es muss nicht jeder Katholik gesellschaftlich engagiert sein, es braucht unterschiedliche Formen, das gehört zur Kirche dazu. Aber eine selbstbezogene Spiritualität allein kann nicht der Königsweg sein.

Ch. Florin: Ich bin immer skeptisch, wenn es heißt, die Botschaft ist eigentlich super, aber die Institution Kirche wird abgelehnt. Die Institution ist dort beliebt, wo sie im Alltag nützlich ist: karitative Einrichtungen, Krankenhäuser, Schulen und Kindergärten werden nachgefragt. Aber dort, wo die Botschaft verkündet wird, im Gottesdienst, kriselt es.

R. Zollitsch: Die soziale Seite wird oft als abgekoppelt empfunden, das stimmt. Aber die Kirche wird nicht nur durch die Caritas und andere Hilfswerke sowie im Bildungswesen positiv wahrgenommen. Wer einen guten Pfarrer hat oder eine gute Gemeindereferentin, hat großes Vertrauen in die Kirche, Gott sei Dank. Menschen, die erleben, was Kirche tut, wissen das auch zu schätzen. Je weiter jemand davon weg ist, desto kritischer wird er uns gegenüber.

Ich versuche auch als Bischof, den Kontakt zu den Gemeinden zu halten. Ich möchte mit ihnen im Gespräch bleiben. Wir sind, viel stärker als früher, gefordert, auf die einzelnen Menschen einzugehen. Kirchenmitgliedschaft ist heute eine bewusste, individuelle Entscheidung und nicht einfach eine Folge der Tradition.

Wir machen in Freiburg die Erfahrung, dass Glaubenskurse für Erwachsene, die auf der Suche sind, sehr gut angenommen werden. Die Anmeldezahlen steigen. Wir haben im Erzbistum Freiburg fast 45.000 Ministrantinnen und Ministranten. Wenn ich mit diesen jungen Leuten diskutiere, dann sind Strukturdebatten oder auch Missbrauch kaum ein Thema. Sie wollen Kirche erleben, Gott erfahren, wollen ihren Glauben leben, sie wollen spüren: Ich bin nicht allein.

Ob aus ihnen Erwachsene werden, die jeden Sonntag in die Kirche gehen, weiß ich nicht. Es freut mich zunächst einmal, dass sie da sind, dass ich sie ein Stück auf dem Weg begleiten kann. Es ist wichtig, den Jugendlichen das Glaubenswissen zu vermitteln. Und zugleich brauchen wir mehr. Wissen muss zum Leben werden, zur Glaubenserfahrung. Daher bauen wir etwa die Schulpastoral aus, um so auch das Wissen fruchtbar zu machen, es mit dem Glauben zu verbinden und Glaube und Gebet im Leben zu verwurzeln.

A. Glück: Sie sagen, die jungen Leute interessieren sich nicht für Strukturfragen. Mich haben in den letzten 30 Jahren Strukturfragen auch nicht interessiert, aber ich kann das, was mich ärgert, nicht ausblenden.

R. Zollitsch: Obwohl Sie sich über Strukturfragen geärgert haben, sind Sie in die Kirche gegangen?

A. GLÜCK: Ja. Wir sollten allerdings nicht Strukturfragen gegen Glauben, Struktur gegen innere Qualität ausspielen. Die Anziehungskraft der Kirche ist
ganz wesentlich mit ihrem Erscheinungsbild, mit ihren Ausdrucksformen und Äußerungen verbunden.
Den Einzelnen interessieren weniger die Strukturen,
sondern das Ergebnis der Strukturen und der inneren
Verfassung.

Ein Beispiel aus einem ganz anderen Bereich: Ich
bin Vorsitzender der Bergwacht in Bayern. Jemand,
der die Rettung durch unsere Leute braucht, interessiert sich auch nicht für organisatorische Details. Er
will, dass jemand zur richtigen Zeit am richtigen Ort
ist und hilft. Dafür muss die Struktur funktionieren.
Strukturfragen haben Dienstcharakter, auch in der
Kirche. Es gibt aber in Teilen der Priesterschaft und
in der Publizistik eine Neigung, jede Strukturdebatte
verächtlich zu machen und eine Religiosität zu fordern, die letztlich weit weg von der großen Mehrheit
der Menschen ist. Der Priester ist dann nicht mehr
Seelsorger und Wegbegleiter, sondern vor allem derjenige, der sagt, wo es langgeht. Und es geht vor allem um Kult.

R. ZOLLITSCH: Das erlebe ich ganz anders. Ich habe
viel Kontakt mit unseren Studenten, weil ich selber
viele Jahre in der Priesterausbildung war. Ich erlebe
bei ihnen kaum die Neigung, den eigenen Stand zu
überhöhen. Viele sagen mir: Wir sind die »Genera-

tion Seelsorgeeinheiten«. Das zeigt: Sie stellen sich realistisch auf die neue Situation ein.

Und falls manche junge Priester möglicherweise den Kult stärker betonen, mag dies nicht nur eine Anfrage an sie, sondern auch an unsere Generation sein. Wir haben nach dem Zweiten Vatikanischen Konzil vieles neu erobert, wir haben uns von den Eltern abgesetzt. Und ausgerechnet wir tun uns schwer damit, die Jungen anders sein zu lassen, als wir sie gerne hätten. Dahinter steckt ein ewiges Problem: Der Geist schafft sich Formen und Strukturen, sonst kann er in dieser Welt nicht wirken; aber die Struktur birgt die Gefahr, den Geist immer wieder einzuengen oder zu erdrücken. In dieser Spannung stehen wir ständig. Jede Zeit sucht und hat ihre eigenen Anliegen und Schwerpunkte. Darum ist stets die Besinnung auf die Mitte, auf Jesus Christus geboten.

CH. FLORIN: Warum ist es so schwer, in der Kirche auch das andere gelten zu lassen? Warum müssen sich zum Beispiel die Freunde der Alten Messe über die querflötenspielende Pastoralreferentin lustig machen und umgekehrt?

R. ZOLLITSCH: Vielleicht diskutieren wir zu viel über Formfragen. Familiengottesdienste sind nun einmal anders als ein lateinisches Choralamt. Aber beides hat seine Berechtigung. Ich finde es immer schade, wenn die einen den jeweils anderen das Katholischsein absprechen und jeweils im anderen den Schuldigen sehen. Katholisch ist für mich Weite und Vielfalt, auch in der Form. Ich habe auch den Eindruck, dass die Lust an der Attacke zugenommen hat. Vielleicht, weil man sich durch den anderen selbst in Frage gestellt fühlt. Aber ich kann aus meiner Erfahrung sagen, dass manches, was hochideologisch diskutiert wird, in der Praxis dann doch ganz problemlos läuft. Vor 20 Jahren wurde etwa heftig debattiert, ob Laien den Beerdigungsdienst und den Kondolenzbesuch übernehmen könnten. Seit wir dies praktizieren, gab es keine Beschwerde bei mir.

CH. FLORIN: Das ZdK gibt sich mit Pastoralreferentinnen nicht zufrieden. Es hat auf seiner jüngsten Vollversammlung den Frauendiakonat gefordert. Daraufhin gab es eine harsche Reaktion der Bischofskonferenz. Hatten Sie damit gerechnet, Herr Glück? Immerhin haben Sie ja nicht gleich eine Päpstin gewünscht.

A. GLÜCK: Nein, wir haben die Frage nach dem Diakonat der Frau bewusst von der Priesterweihe für Frauen getrennt. Die Reaktion war überraschend harsch, das stimmt. Aber es gibt auch Bischöfe, die unseren Beschluss positiv aufnehmen. Das Thema Diakonat der Frau ist zudem nur ein Aspekt des viel breiter angelegten Beschlusses zum partnerschaftlichen Miteinander in der Kirche.

CH. FLORIN: Was ist eigentlich so schlimm daran, wenn Frauen nicht nur beten und ehrenamtlich dienen möchten, sondern auch mitbestimmen wollen, Herr Erzbischof?

R. ZOLLITSCH: Frauen bestimmen doch in der Kirche mit. Im Diözesanrat sind sie genauso vertreten wie die Männer. Wir müssen die Vielfalt der Dienste berücksichtigen und nicht immer nur die Frage nach der Weihe stellen. Es gibt in der frühen Kirche Formen des Diakonats der Frau; aber alles, was wir wissen, zeigt: Es war nicht die gleiche Form wie der Diakonat der Männer. Das nehmen die Befürworter des Frauendiakonats bislang kaum zur Kenntnis. Ich habe mich in meiner Doktorarbeit mit der Ämterfrage in den ersten drei Jahrhunderten auseinandergesetzt und kenne alle Texte aus dieser Zeit. Die theologischen Fragen lassen sich nicht einfach mit einer politischen Deklaration lösen. Ich hätte mir gewünscht, dass das ZdK sich in dieser Frage nicht so positioniert hätte. Damit sind für mich Positionen aufgebaut, die den Dialogprozess erschweren. Das Thema Vielfalt der Dienste ist leider Gottes durch diese Fixierung auf den Frauendiakonat belastet und erschwert.

CH. FLORIN: Religion ist weiblich. Ehrenämter sind inzwischen mehrheitlich weiblich, religiöse Literatur wird vor allem von Frauen gekauft. Warum diese Vorbehalte?

R. ZOLLITSCH: Ich bin sehr froh über das Engagement der Frauen und ich habe mich sehr dafür eingesetzt, dass Laien viele Funktionen übernehmen. Pastoralreferentinnen dürfen Wortgottesdienste und Beerdigungen halten. Wenn ich an meine Schulzeit denke – damals wäre das nicht vorstellbar gewesen. Da ist Gewaltiges geschehen. Ich habe als Personalreferent der Erzdiözese Freiburg aber auch erlebt, dass für manche Positionen, für die ich gern eine Frau gehabt hätte, keine Bewerberin da war.

CH. FLORIN: Meistens werden von den Verteidigern des Bestehenden drei Bibelstellen zitiert, und die Feministische Theologie hält mit drei anderen Bibelstellen und dem Hinweis auf den zeitlichen Kontext dagegen. Das war's. Ganz unideologisch betrachtet, wundert es mich schon, dass das Lehramt bei so viel Wertschätzung für die Frauen ausschließlich von Männern bestimmt ist.

R. ZOLLITSCH: Das Lehramt kommt den Bischöfen zu. Das ist richtig. Aber es trifft seine Entscheidungen nicht im luftleeren Raum. An theologischen Fakultäten sind Frauen immer mehr vertreten. Damit sind sie in der Lehre vertreten. Und sie melden sich zu Wort und werden auch gehört.

CH. FLORIN: Ins Zentrum der Macht dringen Frauen nicht vor.

R. Zollitsch: Es gibt Frauen in führenden Positionen in Ordinariaten und Seelsorgeämtern. Aber richtig ist: Wir leiten nun einmal unser Amtsverständnis vom Tun Jesu ab, und er hat nur Männer als Apostel berufen. Das hat Papst Johannes Paul II. ganz klar erklärt, und das ist für uns auch die gemeinsame Basis mit der orthodoxen Kirche. Wir sind als Kirche der Wahrheit verpflichtet und können nicht jede Entwicklung, die als zeitgemäß gilt, mitmachen.

Frauen in der Seelsorge sind für mich ein großartiges Geschenk des Herrn an seine Kirche. Aber es gibt eben auch eine Grenze. Als Mann und Frau hat Gott den Menschen erschaffen. Man sollte nicht alles gleichmachen wollen.

Suche und Seelsorge:
Wie kommt Gott zum Menschen?

CH. FLORIN: Im Gottesdienst steckt auch der Gedanke: Du sollst Gott mehr dienen als den Menschen. Ist das noch vermittelbar? Oder können Sie die Menschen nur erreichen, wenn Sie versprechen: Ich nütze dir jetzt für dein Leben?

R. ZOLLITSCH: Es ist entscheidend, den Menschen zunächst einmal zu erschließen, dass Gottesdienst der Dienst Gottes an uns ist und zugleich der Dienst des Menschen an und für Gott. Das heißt: Der Gottesdienst ist etwas Wertvolles, er ist eine Erfahrung des Heiligen – dies gilt für alle: für diejenigen, die regelmäßig an den Sonntagen kommen, und auch für die, die vor allem zu den Hochfesten da sind. Ich bin dankbar für jeden, der kommt. Weihnachten und Ostern bieten die Chance, Kontakt mit vielen zu halten, ihnen die Botschaft des Evangeliums ins Heute zu übersetzen und sie einzuladen, auch sonst den Gottesdienst zu besuchen. Ich lade ein, in der Heiligen Messe den Glauben zu feiern.

Natürlich betrübt es mich, wenn ich sonntagsmorgens Kirchenglocken läuten höre und dann sehe, da sind an manchen Orten nicht mehr sehr viele, die sich in Bewegung setzen. Aber warum sollte es nicht auch wieder anders werden? In den Ländern des früheren Ostblocks hat die Kirche durch den Gottesdienst überlebt. Da spüren wir, welche Kraft dahintersteht.

CH. FLORIN: Sind wir zu satt für Gott?

R. ZOLLITSCH: Nein, auch in einem reichen Land wird die Frage nach Gott immer wieder neu gestellt. Herr Glück hat schon an das Wort des heutigen Papstes erinnert: Es gibt so viele Wege zu Gott, wie es Menschen gibt. Diese Wege müssen wir stets neu finden.

CH. FLORIN: Der Papst hat auf dem Weltjugendtag in Madrid 2011 gesagt, kein Weg zu Gott führe an der Kirche vorbei. Aber genau um die Institution machen viele Gottessucher einen großen Bogen.

A. GLÜCK: Die Botschaft kann nur weitergetragen werden mit der Kirche. Aber wenn wir genau hinschauen, müssen wir fragen: Wie bewusst war eigentlich die Gottesbeziehung zu jener Zeit, als man jeden Sonntag in die Messe ging? Damals war keine individuelle Glaubensentscheidung gefordert. Wir leben in einer ganz anderen Situation, heute ist der Zugang zum Glauben sehr viel anspruchsvoller.

R. Zollitsch: Sie haben die Frage gestellt nach der Kirche, mit Recht. Wir brauchen Menschen, die uns zum Glauben führen. Für mich waren das zunächst meine Eltern, nachher waren es Priester, also Männer der Kirche. Glaube braucht die Gemeinschaft. Der Papst hat in Madrid die Jugendlichen nicht maßregeln wollen. Er hat ihnen aufgezeigt, dass ihr individueller Glaube in der Kirche immer mehr Gestalt gewinnt.

A. Glück: Dazu passt aber nicht, dass sich die Kirche aus der Fläche zurückzieht. Aufgrund der Großraum-Seelsorge feiere ich Gottesdienst mit Menschen, die ich nicht kenne und mit denen ich auch sonst im Leben nicht beieinander bin. Ich möchte Kirche nicht nur als Servicestation erleben, die man halt zum Gottesdienst aufsucht.

R. Zollitsch: Aber es ist doch von gestern, »Gemeinde« mit »Dorf« gleichzusetzen. Natürlich kenne ich die Probleme, wenn der Sonntagsgottesdienst im Nachbarort stattfindet und deshalb Leute wegbleiben. Aber wir sollten auch das Positive sehen und nicht in Nostalgie schwelgen. Ich habe darüber auch mal intensiv mit meiner Schwägerin diskutiert. Sie tat sich schwer mit der Neuordnung der Gottesdienstzeiten und -orte. Auf einmal sagte sie: »Robert, du hast recht, ich schimpfe bloß, weil ich mich ändern muss.«

In einem Dorf in unserer Diözese gab es eine Diskussion um den Gottesdienst am Gründonnerstag. Da waren ganze 14 Leute da, zwei davon waren Ministranten, die der Priester mitgebracht hatte. Diese Gruppe war zu klein, um einen Abendmahlsgottesdienst wirklich zu feiern. Wenn diese in drei Autos zum Nachbarort gefahren wären, hätte es dort einen würdigen Gründonnerstags-Gottesdienst geben können. Durch die Neuordnung entstehen neue Sozialräume, neue Kontakte und auch neue Chancen.

CH. FLORIN: Nichts gegen Veränderung, aber wenn die Reform darauf hinausläuft, dass es nur noch einmal die Woche Beerdigungen gibt, weil der Pfarrer sonst keine Zeit mehr hat – das geht doch an die Substanz.

R. ZOLLITSCH: Ja, und es ist auch falsch. Aber vielleicht sollte man auch akzeptieren, dass nicht nur der Pfarrer eine Beerdigung halten kann. Bei gutem Willen und lebendiger Fantasie, die an das Evangelium rückgebunden ist, gibt es auch in der neuen Situation gute Lösungen, die wir auch längst praktizieren.

A. GLÜCK: Vielleicht ist der Priestermangel ein Fingerzeig Gottes, die Charismen in unserer Kirche zu wecken. Man muss ja nicht alles ganz priesterzentriert organisieren. Die Arbeit im Hospiz oder in der

Krankenhausseelsorge wird ja schon heute von Diakonen, Pastoralreferentinnen und Pastoralreferenten geleistet. Bei der Krankensalbung jedoch muss der Pfarrer kommen, oft ein Pfarrer, der zu den Menschen keine Beziehung hat.

R. Zollitsch: Dabei kann man den Patienten durchaus vermitteln, dass es nicht darum geht, Kranke an bestimmte Seelsorger zu binden, sondern zu Christus zu führen. Dies kann an der Tatsache, dass der Dienst an den Sakramenten dem Priester aufgetragen ist, durchaus deutlich werden. Wir denken und empfinden oft viel zu subjektiv.

A. Glück: Aber auch da, wo es nicht um die Sakramente geht, ist zu vieles priesterzentriert. Und das wird theologisch zäh verteidigt.

Ch. Florin: Was meinen Sie genau?

A. Glück: Nehmen Sie die Bedeutung von Wortgottesdiensten, von Andachten oder anderen Formen des gemeinsamen Gebets. Wenn in manchen Diözesen die Wortgottesdienste mit Kommunionempfang wieder verboten werden, ist das im Endergebnis ein großer Verlust an geistlichem Leben im eigenen Lebenskreis. Für ältere Menschen, die nicht mehr mobil sind, hat das nicht selten die Konsequenz: kein Gottesdienstbesuch am Sonntag.

CH. FLORIN: Sind es nicht die Gemeindemitglieder selbst, die enttäuscht sind, wenn nicht der Priester da ist, sondern »nur« die Pastoralreferentin?

R. ZOLLITSCH: »Da schickt jetzt der Pfarrer seine ›Assistentin‹«, heißt es dann. Doch hier hat sich schon viel getan und im Bewusstsein der Menschen verändert. Ich persönlich bin sehr dankbar, dass wir neben dem Priester den Diakon, die Pastoral- und Gemeindereferenten haben. Das ist ein Geschenk des Herrn an seine Kirche. Diese Vielfalt der Dienste muss noch mehr wahrgenommen, geschätzt werden und im Leben der Gemeinden verankert werden.

A. GLÜCK: Wir werden gar nicht drumherum kommen, uns von Gewohnheiten zu verabschieden, denn der Priestermangel wird sich ja noch verschärfen. Ich sehe die Beharrungstendenz weniger bei den Leuten an der Basis als bei einigen Bischöfen. Die sagen: Laien sollen sich in pastorale Fragen gar nicht einmischen.

CH. FLORIN: Das sagt Rom auch. Und Rom muss man doch als guter Katholik gehorchen …

R. ZOLLITSCH: Das ist viel zu pauschal dahergesagt. Der Papst selbst betont, dass die Laien nicht der verlängerte Arm des Klerus sind, sondern dass sie eine eigene Aufgabe haben. Wir müssen da noch viel

Überzeugungsarbeit leisten. Ich kann als Bischof nicht einfach etwas anordnen, ich möchte argumentativ an die Einsicht der Menschen appellieren. Einsicht schafft eine ganz andere, intensivere Bindung als reiner Gehorsam oder Tradition.

Es gibt Glaubenswahrheiten, ganz klare Weisungen, die ein Bischof verkündet. Doch es ist keineswegs unser Anliegen, stets und überall alles zu regeln. Nicht alles ist Gesetz, manches ist auch nur Gewohnheit. Wenn Sie den sehr konservativen Flügel betrachten, die Piusbrüder, dann stellen Sie fest, dass die auch nicht gehorchen. Sie wollen selbst bestimmen, was Kirche ist, sie gehorchen weder dem Papst noch dem Bischof. Sie sagen dem Papst, was er zu sagen hat, um dann gehorchen zu können.

CH. FLORIN: Wie gehen Sie mit »diesen Kreisen« um?

R. ZOLLITSCH: Ich versuche auch da, die Menschen mit Argumenten zu überzeugen und zu gewinnen. Um ein Beispiel zu nennen: Es kam einmal eine Frau zu mir, die wollte die Heilige Messe feiern, wie Petrus sie gefeiert hat. Da musste ich ihr sagen, das sei sehr schwierig, weil wir das nicht so genau wissen. Ich erklärte ihr, dass das Zweite Hochgebet im jetzigen Messbuch eine ältere Tradition enthält als der Römische Kanon. Beide Hochgebete haben ihre Geschichte und ihren tiefen Sinn. Mit solchen Argumenten lassen sich auch Leute überzeugen, die zunächst einmal jede Änderung als Verfälschung werten.

A. GLÜCK: Wir Laien wollen ja gar nicht über lehramtliche Fragen entscheiden. Uns ist schon klar, dass man über die Bedeutung der Auferstehung keine Mehrheitsentscheidung herbeiführen kann. Trotzdem gebe ich die Vision einer partnerschaftlichen Kirche nicht auf. Es hat sich seit dem Konzil vieles in diese Richtung entwickelt. Wo wäre denn unsere Kirche ohne Ehrenämter? Sehr viele Priester mühen sich dabei um eine partnerschaftliche Zusammenarbeit, zu oft gibt es aber auch autoritäre Verhaltensmuster unter Berufung auf das geistliche Amt. Autoritäre Führungsstile gibt es überall, im kirchlichen Bereich wird es mitunter quasi theologisch begründet. Da wird eben mal schnell der Pfarrgemeinderat abgebügelt. Das mag ein menschliches Verhaltensmuster sein, aber es ist auch ein amtsabgeleitetes.

In Unternehmen haben sich in den vergangenen Jahrzehnten ganz andere Führungsstile entwickelt, nicht aus Gutmenschentum, sondern weil man erkannt hat, dass sich diejenigen Firmen besonders gut entwickeln, die das Potenzial ihrer Mitarbeiter am besten zur Entfaltung bringen. Führung im Team müsste schon in der Ausbildung mehr berücksichtigt werden.

R. Zollitsch: Darum bemühen wir uns seit mehr als 30 Jahren.

A. Glück: Aber es ist noch zu wenig Praxis. Wir müssen mehr investieren in die Ausbildung von Führungskräften, sowohl bei Laien als auch bei Priestern. Dann entdecken wir viel mehr Möglichkeiten, den Reichtum zu erschließen, der in den unterschiedlichen Lebenswelten steckt. Ganz unterschiedliche Menschen können Botschafter Jesu Christi sein.

Ch. Florin: Sind deutsche Bischöfe zu autoritätsfixiert, Herr Erzbischof?

R. Zollitsch: Zur partnerschaftlichen Kirche sehe ich keine Alternative. Wenn jemand die Verantwortung spürt, ist die Gefahr durchaus gegeben, zu versuchen, autoritär zu entscheiden. Das ist immer die Versuchung von uns Menschen. In der Politik hat es offensichtlich vielen gefallen, wenn da mal ein Kanzler »basta« sagte. Wir Bischöfe arbeiten kollegial in der Bischofskonferenz und üben dabei Kollegialität Stück für Stück weiter ein. Es gibt Priesterräte, es gibt Diözesanräte, dort sind auch Laien eingebunden. Es hängt immer auch davon ab, wie viel man als Bischof in die Räte hineingibt und ihnen zutraut. Ich selbst empfinde diese verschiedenen Beratungsebenen keineswegs als Bedrohung, sondern als Bereicherung.

CH. FLORIN: 1999 sagte der Papst »basta«. Damals beugte sich die Deutsche Bischofskonferenz der Entscheidung aus Rom und stieg aus der staatlichen Schwangerenkonfliktberatung aus. Katholische Laien haben daraufhin Donum Vitae gegründet. Der Verein berät Frauen in Konfliktsituationen und vergibt den Schein, der für eine straffreie Abtreibung nötig ist. Inwieweit wirkt dieses Ereignis noch im Verhältnis zwischen Bischöfen und Laien nach?

A. GLÜCK: Für mich ist das eine total verkrampfte Situation in unserer Kirche. Rom hat entschieden, dass die deutsche katholische Kirche sich nicht an der staatlichen Schwangerenkonfliktberatung beteiligen soll. Es könnten Missverständnisse über die Haltung der Kirche zum Lebensschutz und zur Abtreibung entstehen, die das Zeugnis der Kirche verdunkeln, hieß damals die Begründung. Daraus hat sich die Frage ergeben, ob man außerhalb des kirchlichen Amtes und der kirchlichen Trägerschaft weiterhin eine Beratung anbietet und damit die Möglichkeiten der Beratung auf der Basis unserer gemeinsamen Überzeugung voll ausschöpft, gerade dann, wenn die Frau noch unentschlossen ist. Mir ist völlig unverständlich, dass in unserer Kirche überhaupt nicht mehr vernünftig über Donum Vitae geredet werden kann. Wenn die gesetzliche Beratungspflicht so verwerflich ist, dann müsste die katholische Kirche in Deutschland entschieden ein anderes Abtreibungsrecht fordern.

Ch. Florin: Das tun doch einige Bischöfe.

A. Glück: Ich kenne nur ziemlich pauschale Kritik, aber keine konkreten Vorschläge, die einen wirksameren Lebensschutz realisieren können. Natürlich ist die Situation unbefriedigend. Aber wer die jetzige gesetzliche Regelung nicht will, muss, wenn er glaubwürdig sein will, einen konkreten Alternativvorschlag machen, der real einen wirksameren Lebensschutz bringt. Die alte Strafrechtsregelung? Damit bestraft man nur die Frau, das oft drängende Umfeld bleibt unbehelligt. Wenn wir in Bayern das mit Donum Vitae nicht auf die Beine gestellt hätten, wären alle diese Beratungsstellen flächendeckend von Pro Familia übernommen worden. Ist das dann die katholische Lösung?

R. Zollitsch: Wir haben unsere kirchlichen Beratungsstellen in Baden-Württemberg, die sehr gute Arbeit leisten und die wir auch tatkräftig unterstützen.

A. Glück: Aber Sie erreichen die Frauen in Konfliktsituationen doch gar nicht. Das sagt selbst die Caritas.

R. Zollitsch: Doch, wir erreichen auch solche und helfen diesen Menschen, etwa durch den »Bischofsfonds«, der ausschließlich für Frauen in Not bestimmt ist. Die Frage der Schwangerenkonfliktberatung hat allerdings ein Stück Spaltung in die Kirche gebracht, die bis heute spürbar ist und unter der wir leiden.

CH. FLORIN: Hat die Kirche damit nicht ein wichtiges gesellschaftliches Feld aufgegeben?

R. ZOLLITSCH: Mein Vorgänger in Freiburg, Erzbischof Oskar Saier, war ein Kämpfer für den Verbleib der Kirche im staatlichen Beratungssystem. Dann hat Rom 1999 anders entschieden, damit ist die Frage für uns geregelt. Wir haben dieses Feld allerdings nicht aufgegeben. Wir haben nach wie vor unsere kirchlichen Beratungsstellen und tun durch sie viel Gutes.

A. GLÜCK: Ich verstehe, dass Bischöfe dem Papst gehorchen müssen. Aber die Frage, ob die Kirche zurückkehren soll in die staatliche Beratung, stellt sich doch nicht mehr. Es geht uns vielmehr darum, ob diejenigen, die Donum Vitae tragen, weiter ausgegrenzt werden in der Kirche. Die Mitglieder und Unterstützer von Donum Vitae haben im Hinblick auf den Lebensschutz und die Abtreibung keine andere Position als die überwältigende Mehrheit der deutschen Bischöfe vor der Entscheidung Roms. Dann darf diesen Menschen doch nicht immer wieder unterstellt werden, wer für die Beratungspflicht mit entsprechendem Nachweis eintritt, nehme es mit dem Lebensschutz nicht so ganz genau oder sei gar für die Abtreibung. Es kann doch nicht sein, dass eine Frau, die sich bei Donum Vitae engagiert, nicht Vorsitzende des Pfarrgemeinderats oder gar Diözesanratsvorsitzende werden darf. Aber eine, die in der weltanschaulich neutralen staatlichen Gesundheitsberatung tätig ist, darf das. Wer soll das verstehen?

CH. FLORIN: Gibt es in der Kirche kein Verfahren, solche Konflikte offen anzusprechen?

R. ZOLLITSCH: »Offen« heißt doch nicht »öffentlich«. Die anstehenden Fragen werden immer wieder besprochen. Da kann ich in einem offenen Gespräch unter vier Augen auf Dauer mehr erreichen als mit öffentlichen Debatten.

A. GLÜCK: Die Bischofskonferenz legt sehr großen Wert darauf, nach außen als Einheit zu erscheinen. Die Gefahr ist, dass dann aktive Minderheiten alles blockieren können.

R. ZOLLITSCH: Muss denn die Kirche alles, was die Politik macht, nachahmen? Manche politische Kämpfe widern mich regelrecht an. Was hat das denn noch mit Christentum zu tun, wenn der eine den anderen persönlich attackiert? Da gilt Jesu Wort: »Bei euch aber soll es nicht so sein« (Mk 10,43). Und

125

die Ermahnung des Paulus: »In Demut schätze einer den anderen höher als sich selbst« (Phil 2,3).

A. GLÜCK: Wir müssen uns schon fragen, ob wir innerkirchlich immer so christlich miteinander umgehen. Es würde sicherlich eine große Mehrheit der Gläubigen irritieren, wenn Bischöfe aufeinander losgingen wie Politiker. Das ist einfach eine andere Erwartung ans Amt. Es geht um eine gute Gesprächskultur, in der offene Erörterung förderlich ist. So reden wir ja auch miteinander.

R. ZOLLITSCH: Offensichtlich mehr, als viele wahrnehmen.

Stacheln und Streitfragen:
Welche Kirche will der Papst?

Ch. Florin: Der Papst hat offenbar wenig Vertrauen in die deutsche Kirche. Seine Rede im Freiburger Konzerthaus war eine deutliche Kritik: zu viele Strukturdebatten, zu viel Geld, zu wenig Geist. »Entweltlichung« anzumahnen heißt doch, ihm passt die ganze Richtung nicht.

R. Zollitsch: Das sehe ich anders. Der Papst hat mit diesem Wort eine zentrale Botschaft angesprochen: Wir sind als Christen *in* der Welt, aber nicht *von* der Welt. Er hat uns aufgefordert, der Welt etwas zu geben, das nicht von ihr selbst kommen kann. Das ist natürlich die Anfrage an uns, ob wir in Gefahr sind, Strukturen an die erste Stelle zu setzen. Über diese Frage lohnt es sich auch immer wieder neu nachzudenken. Wir Deutschen diskutieren sehr gern über Strukturen. Wir müssen aber auch schauen, dass der Geist lebendig bleibt. Caritas ist eben nicht nur Sozialarbeit, sondern Ausdruck des Wesens der Kirche. Das muss immer erkennbar bleiben, da darf nicht nur die Funktionalität im Mittelpunkt stehen. Wir merken natürlich, dass es manchmal schwer ist, Strukturen mit Leben zu füllen. Der Heilige Vater hat der katholischen Kirche in seiner Heimat gesagt: Schaut, dass Gott immer an erster Stelle bleibt!

Ch. Florin: Aber wenn ich an die Zuhörer im Konzerthaus denke, dann sehe ich sehr pikierte Mienen vor mir, auch bei Ihren Amtsbrüdern. So harmlos und selbstverständlich waren diese Worte des Papstes offenbar doch nicht.

R. Zollitsch: Die Rede ist vielfältig interpretiert worden.

Ch. Florin: Wie interpretieren Sie sie?

R. Zollitsch: Der Papst hat klar gesagt, wozu die Kirche da ist, nämlich zur Verbreitung des Glaubens. Er hat besonders den Bereich der Caritas angesprochen. Es gibt eine Versuchung in Deutschland, zu lange an Strukturen hängenzubleiben. Wir als Kirche in Deutschland sind organisatorisch sicher gut aufgestellt. Aber es muss auch immer klar sein, was uns bewegt, was unser Motor ist. Eine katholische Einrichtung kann nicht um ihrer selbst willen erhalten werden, sie muss dem großen Ganzen dienen. Der Papst hat uns herausgefordert, und ich bin froh, dass wir eine lebendige Diskussion über die Konzerthausrede haben. Ich gebe zu, dass mich Caritas-Leute nach dieser Rede bang gefragt haben: Wird uns demnächst gekündigt?

CH. FLORIN: Das klang ja auch so, dass einem als Mitarbeiter bang werden konnte. Was antworten Sie den besorgten Caritas-Leuten?

R. ZOLLITSCH: Dass der Papst bei der Messe in Freiburg die Caritas gewürdigt hat. Daher besteht nicht die Gefahr, Caritas-Mitarbeitern zu kündigen. Aber wir werden noch klarer beantworten müssen, wozu die Caritas dient oder was zum Beispiel unsere Kindergärten von anderen unterscheidet.

Wir werden sicher über die Konzerthausrede noch weiter reden müssen. Sie haben recht, die Reaktion der Bischöfe war nicht ganz einheitlich. Papst Benedikt hat uns da einen Stachel ins Fleisch gesetzt, der zentrale Fragen wachhält.

CH. FLORIN: Also doch eine Kritik an der deutschen katholischen Kirche?

R. ZOLLITSCH: Wenn Sie so wollen, war es eine Mahnung: Vergesst das Zentrale nicht! Und die ist berechtigt.

CH. FLORIN: Die Strukturkritik war auch auf das ZdK gemünzt.

A. GLÜCK: Nach der Rede gab es bei allen im Foyer des Konzerthauses viel Ratlosigkeit, nicht nur beim ZdK. Ich sehe in der Rede aber auch viele wichtige

Ansätze. Es ist fast ein Naturgesetz, dass Organisationen mit der Zeit dazu neigen, permanent mit sich selbst beschäftigt zu sein. Da ist die Kirche nicht anders als Parteien oder Naturschutzorganisationen. Am Anfang ist alles in Bewegung, nach zehn Jahren diskutiert man zu oft über die Geschäftsordnung. Diese Entwicklung gibt es in Laienorganisationen wie in der Kurie und in Ordinariaten.

Wenn man Führungsämter innehat, muss man das Ganze zusammenhalten. Führungsämter sind immer ein Stück Freiheitsberaubung, man kann nicht mehr so frei reden wie ein Privatmensch. Es braucht Institutionen. Ideen, die nur im Bewegungscharakter bleiben, tragen nicht auf Dauer. Wissenschaftler und andere Geistesgrößen tun sich in allen strukturellen Dingen ganz schwer. Das deutsche Staat-Kirche-Verhältnis hat sich bewährt, wir erreichen mit christlichem Glaubensgut Menschen übers Bildungssystem oder im Sozialbereich.

Schwieriger wird es für mich dort, wo pauschal von Privilegien die Rede ist. Was ist damit gemeint? Hat der Papst nicht bei seinem Deutschlandbesuch von Privilegien profitiert? Status spielt auch in Rom eine ganz große Rolle. Es hilft aber nicht weiter, den Ball hin- und herzuspielen und zu sagen: Schaut euch mal zuerst eure verhärteten Kurienstrukturen an und dann reden wir oder umgekehrt. Es ist ein prinzipielles Problem.

R. Zollitsch: Wenn man Papst Benedikt, die Theologie und die Geschichte der Kirche kennt, weiß man, dass diese Frage nicht neu ist. Papst Benedikt hat davon auch schon in den 1970er Jahren ähnlich gesprochen. Es hat mich gewundert, dass es zum Teil solch irritierende Kommentare gab.

A. Glück: Nach der Freiburger Rede gab es triumphierende Äußerungen von Laizisten. Tenor: Der Papst ist unser Verbündeter. Das ist umso bemerkenswerter, als sich ja gerade die Laizisten dagegen ausgesprochen hatten, dass der Papst im Bundestag spricht. Aber wir leben in einer Zeit, in der sich völlig neue Allianzen bilden.

Vitamin und Vision:
Wird Habermas jetzt katholisch?

CH. FLORIN: Was unterscheidet ein christliches Leben von einem nichtchristlichen?

R. ZOLLITSCH: Ich spüre, dass ich als Christ ein Fundament habe, das mich trägt; das ist mein Glaube an Jesus Christus, mein Glaube an Gott und mein Glaube an den Schöpfer. Christen leben auf ein Ziel hin, das über diese Welt hinausreicht. Gott hat mir die Fülle des Lebens verheißen, wenn ich bei ihm bin. Mein Leben hat einen Sinn. Ich trage gegenüber meinem Schöpfer Verantwortung für mein Leben und für das Leben der anderen. Und ich habe den Auftrag, das weiterzugeben, was Jesus Christus uns geschenkt hat in der christlichen Botschaft.

Zu einem christlichen Leben gehört für mich Nächstenliebe, nicht als Floskel. Wahre Nächstenliebe geht so weit, dass ich für den Nächsten das Gleiche will wie für mich. Eintreten für Solidarität, Menschenwürde und Gerechtigkeit, das ist für mich christlich. Und das Denken über meinen eigenen Lebenszeitraum hinaus.

Für mich gehört natürlich der Gottesdienstbesuch dazu. Das war von Kindheit an selbstverständlich.

Wir haben den Sonntag in der Familie gefeiert als den Tag, der frei von der Arbeit war, als den Tag der Erholung und als den Tag, an dem man Freunde trifft. Ich habe das Christliche nie als Pflichterfüllung empfunden, sondern immer als großes Geschenk, das ich zunächst einmal ganz naiv angenommen habe. Ich habe erst sehr viel später darüber reflektieren können, was all das bedeutet, und das war für mich auch die entscheidende Motivation, Priester zu werden. Denn wenn Glaube keinen Ausdruck findet, keine Form, dann verliert er an Kraft und schließlich auch an Bedeutung.

Ich war im vergangenen Herbst zwei Wochen in Lateinamerika. Ich habe bei meinem Besuch in Brasilien besonders intensiv gespürt: Christentum ist globale Solidarität. Die Sorge um die Menschen in der Welt gehört für mich dazu, aber es ist keine einseitige Gabe. Wenn ich die Weltkirche erlebe, dann spüre ich, wie ich beschenkt werde. Ich erlebe dann die Gemeinschaft, die communio. Ich glaube, dass eine Gesellschaft, die sich der christlichen Werte bewusst ist, eine menschenfreundliche und lebenswerte Gesellschaft ist.

CH. FLORIN: Glaube ist ein Geschenk, sagen Sie. Aber manchmal klingt es so, als könne man ihn sich erarbeiten oder als könne er mit geschickter PR der Kirche den Menschen eingeflößt werden.

R. Zollitsch: Man kann Glauben weder erarbeiten noch erkaufen. Aber wir können das Geschenk weitergeben. Ich lade dazu ein, meinen Weg ein Stück mitzugehen. Das ist mehr als ein unverbindliches Angebot. Ich selbst bin auch im Glauben der anderen mitgegangen, zunächst im Glauben meiner Eltern und dann meiner Schulkameraden. Es ist wichtig, dass wir in Deutschland lernen, über den Glauben zu sprechen. Ich muss natürlich auch damit zu leben lernen, dass viele die Einladung ausschlagen. Aber ich respektiere das, das ist der Preis der Freiheit. Ich erlebe aber auch, dass sich Menschen auf meinen Weg einlassen und dass Glaube etwas Faszinierendes ist. Und manche sagen: Wie schön wäre es, wenn ich glauben könnte.

Ch. Florin: Wann sagen Menschen Ja, wann sagen sie Nein?

R. Zollitsch: Ich habe die Erfahrung gemacht, dass Menschen sich langsam und stufenweise darauf einlassen, ein Stück des Weges mitzugehen. Ich habe auch erlebt, dass manche Menschen nach harten Erfahrungen, die sie an Gott zweifeln ließen, stehengeblieben sind. Manche sagen auch direkt Nein. Aber wenn ich sachlich und menschlich ins Gespräch komme, entdecke ich bei meinem Gegenüber fast jedes Mal eine Offenheit und eine Sehnsucht danach, auch so glauben zu können. Man muss den Menschen Zeit lassen, und ich bete dafür und werbe dafür, dass möglichst viele dann auch fest Ja dazu sagen. Wenn jemand total ablehnt, dem stehe ich ebenfalls voller Respekt gegenüber, wenn auch manchmal mit innerer Trauer.

A. GLÜCK: Für mich ist das Wichtigste am christlichen Leben, dass ich weiß: Gott liebt uns bedingungslos. Seine Zuwendung hängt nicht ab von eigenen Leistungen. Ich fühle mich getragen, geführt, es hängt nicht alles von mir allein ab. So wie ich in den Glauben hineingewachsen bin, erleben das junge Menschen heute kaum noch. Für mich hat sich aus diesem sozialen Lernen durch den Glauben auch die Bereitschaft ergeben, Verantwortung zu übernehmen für Menschen.

Mich beschäftigt aber immer wieder, dass ich viele Freunde, Mitarbeiterinnen und Mitarbeiter kenne, die sich mit derselben Ernsthaftigkeit engagieren, aber der Kirche völlig entfremdet sind. Vieles, was gläubige Menschen angestoßen haben, ist heute Allgemeingut der säkularen Gesellschaft geworden. Man kann auch ohne persönliche Gottesbeziehung ein gutes Leben führen, diesen Menschen scheint nichts zu fehlen. Es ist deshalb gar nicht so leicht zu sagen, was ein christliches von einem nichtchristlichen Leben unterscheidet. Es würde mir natürlich nie einfallen zu sagen, nichtgläubige Menschen seien weniger wertvoll. Es beschäftigt mich nur sehr, warum manche Menschen, selbst wenn sie Zuwendung erfahren, für die Botschaft des Evangeliums nicht empfänglich sind. Liegt es an uns? Leben wir Christen es doch nicht glaubwürdig genug vor?

Ch. Florin: Missionieren Sie, Herr Glück?

A. Glück (lacht): Ich bin zunächst schon einmal dankbar, wenn hoffentlich durch mich niemand an Glauben und Kirche irre wird. Ich missioniere nicht im aufdringlichen Sinne, ich versuche, Menschen immer wieder mal einen Hinweis zu geben, dass es da noch eine Dimension gibt. Wir haben in meiner Generation gar nicht gelernt, über Glauben zu sprechen. Das war eine Selbstverständlichkeit, Glaube war Gehorsam. Das war Gesetz, das war Normalität, darüber redete man nicht.

Mir liegt es generell nicht sehr, über mein Innenleben viel zu reden. In einer charismatischen Bewegung könnte ich mich nicht zu Hause fühlen, so sehr ich auch Respekt vor dieser Art der Frömmigkeit habe. Ich bin vom Naturell eher ein suchender Mensch, nicht nur in religiösen Fragen.

Ch. Florin: Warum ist Ihnen Mission peinlich?

A. Glück: Peinlich ist mir nicht Mission. Peinlich sind mir Situationen, die ich als aufdringlich empfinde. Wenn ich mich in einer politischen Auseinandersetzung ganz bewusst auf christliche Werte beziehe, dann ist das auch ein Stück Verkündigung. Eine flammende Begeisterungsrede für den Glauben zu halten, da wäre ich nicht authentisch, es wäre mir tatsächlich peinlich. Das ist nicht meine Welt, dazu bin ich ein zu skeptischer Mensch. Ich hätte auch nie Begeisterungsreden für politische Botschaften gehalten. Ich versuche zu argumentieren. Mission muss nicht nur das laute Bekenntnishafte sein.

CH. FLORIN: Aber als Bischof muss man vernehmlich missionieren, oder?

R. ZOLLITSCH: Selbstverständlich, im Wort, aber auch in den Taten. Ich habe schon immer Wert darauf gelegt, an meiner Kleidung als Geistlicher erkennbar zu sein. Die Kleidung ist schon ein Bekenntnis. Wenn ich unterwegs bin, werde ich oft angesprochen. Das Bekenntnis weckt also Interesse. Ich habe nie erlebt, dass ich abgelehnt wurde, im Gegenteil. Die Menschen haben sich für meinen Glauben interessiert. Sie haben meine Präsenz nicht als aufdringlich empfunden. Wenn sie mir Fragen stellen, gebe ich Zeugnis von meinem Glauben. Solche Gespräche im Zugabteil oder auf der Straße sind eine Chance, sie sind eine Form von Mission. Und ich verkündige natürlich in meinen Reden, Ansprachen und Predigten das Evangelium und versuche, die Menschen für den Glauben an Jesus Christus zu gewinnen.

Ch. Florin: Hat sich über die Jahrzehnte etwas verändert in der Art, wie Sie angesprochen werden?

R. Zollitsch: Ich bin natürlich durch den Vorsitz in der Bischofskonferenz bekannter geworden. Vorher sah man nur den Priester, jetzt kennt man mich oft namentlich. Damit werden die Fragen viel konkreter. Die kritischen Fragen sind seitdem mehr geworden, denn ich bin ja nicht nur der einzelne Geistliche, sondern repräsentiere ein Stück weit die katholische Kirche in Deutschland. Das heißt, ich muss alles erklären, was die Leute mit Kirche verbinden, sei es den Missbrauchsskandal oder ein Papstzitat zur Ökumene.

Ch. Florin: Priester erzählen oft, dass sie, die einstigen Respektspersonen, heute wie ein Exot bestaunt werden. Kommt man sich in der Soutane komisch vor?

R. Zollitsch: Ich selbst habe das so nie erlebt, aber mir erzählen manche Priester, dass die Leute ihnen ausweichen. Priester werden heute nicht mehr selbstverständlich als Respektsperson wahrgenommen. Das muss aber keine negative Entwicklung sein. Wenn ich nicht mehr auf Gewohnheit hoffen kann, wird die Überzeugung umso wichtiger. Ich motiviere Priester und Ordensleute stets, sich in ihrer entsprechenden Kleidung zu zeigen. Das kann, wie ich selbst erfahren habe, eine Chance sein, ins Gespräch zu kommen.

A. Glück: Es gibt sehr unterschiedliche Rollenerwartungen an den Priester. Die einen suchen mehr die geistlich-charismatische Persönlichkeit, andere suchen eher den Lebensbegleiter, den Seelsorger, wieder andere sind – vielleicht zwangsläufig – oft mehr in der Rolle des Kirchenmanagers. Wenn sich alle Erwartungen auf eine Person konzentrieren, wird es schwierig. Wenn die Pfarrer nicht mehr so selbstverständlich im sozialen Leben verankert sind, vereinsamen sie.

R. Zollitsch: Aber wir machen die Erfahrung, dass dort, wo Priester auf die Menschen zugehen, es weniger Probleme mit Vereinsamung und Überforderung gibt. Ich erlebe, dass junge, tüchtige Pfarrer Menschen wieder zum Kircheneintritt bewegen. Johannes Paul II. hat nicht umsonst gesagt: Der Mensch ist der Weg der Pastoral. Ich glaube, da spüren wir auch, dass es tatsächlich darauf viel stärker ankommt: auf das unmittelbare Zeugnis, nicht primär auf die Autorität des Amtes.

Ch. Florin: Es werden sehr oft Debatten gefordert, gern auch Wertedebatten. Aber Jesus hat gar nicht so viel debattiert, er hat gesagt, wo es langgeht.

A. Glück: Er ist auf die Menschen zugegangen, auf Menschen in ganz unterschiedlichen Lebenssituationen. Dorthin, wo die Verkünder des Gesetzes nie gegangen wären. Er hat Orientierung und Zuwendung gegeben.

R. Zollitsch: Mit den Pharisäern hat er sehr wohl diskutiert. Jesus wusste, im Unterschied zu uns Menschen, ganz klar, was die Botschaft ist und wie er sie in seiner Zeit formuliert. Die Gleichnisse sind großartig. Wir hingegen müssen um die Wahrheit viel mehr ringen. Wir müssen immer neue Übersetzungsarbeit leisten. Aber das ist möglich, sonst hätte die Kirche nicht 2000 Jahre überlebt. Eine Debatte ist ein gesellschaftliches Gespräch. Daran müssen wir uns beteiligen.

A. Glück: Ohne Debatte gibt es keinen Erkenntnisprozess. Wir Menschen brauchen die geistige Auseinandersetzung, um die Botschaft zu erkennen. Jesus brauchte sie nicht. Die Kontroverse ist ein Weg des Heiligen Geistes. Man muss sie so gestalten, dass sie fruchtbar wird. Wenn es diffamierend geschieht, ist das unchristlich.

Ch. Florin: Jetzt bin ich erstaunt, Herr Erzbischof Zollitsch. Ich habe auch schon Bischöfe erlebt, die sagten: Ein Bischof debattiert nicht, er verkündet. Sind Sie also doch nicht im Besitz der Wahrheit?

R. Zollitsch: Wenn ich im Freiburger Münster am Ambo stehe, dann verkündige ich. Wenn ich in der

Bischofskonferenz bin, diskutiere ich mit meinen Mitbrüdern. Aber ich debattiere mit ihnen nicht öffentlich. Das passt nicht zum Amtsverständnis. Sich öffentlich anzugreifen, widerspräche meinem Verständnis von *communio* und Kollegialität und wäre in meinen Augen auch nicht christlich.

A. GLÜCK: Da haben Sie ja eine gewisse Schmerzerfahrung.

R. ZOLLITSCH: Ich meine, Bischöfe sollen menschlicher miteinander umgehen als Politiker. Der Anspruch an uns ist höher. Dem stellen wir uns auch.

A. GLÜCK: Mag sein, dass in der Politik der Anspruch geringer ist. Ich habe erlebt, wie Menschen niedergemacht wurden. Das ist ein erbärmlicher Teil des politischen Mechanismus.

CH. FLORIN: Auch in christlichen Parteien?

A. GLÜCK: Ja, in allen Parteien. Das sind genau die Dinge, die dem Bürger zum Halse heraushängen. Aber es war in der Politik auch nicht alles möglich. Wenn ich ganz ehrlich bin, muss ich zugeben: Wir haben als Politiker manches unterlassen, nicht weil wir so hohe moralische Maßstäbe hätten, sondern weil wir fürchteten, dass es bekannt wird. Transparenz, Gewaltenteilung, Kontrolle – all das schützt auch. Der Kirche fehlt das. Deshalb empfinde ich viele innerkirchlichen Auseinandersetzungen als noch härter. Und in der Politik ging es wirklich sehr hart zu.

CH. FLORIN: In der Politik sind Wahlergebnisse der Gradmesser des Erfolgs. Wonach bemessen Sie eigentlich in der Kirche Erfolg?

A. GLÜCK: Glauben kann man nicht messen. Ob jemand gläubig ist, weiß nur Gott. Trotzdem halte ich von dem Spruch nichts: Jesus ja, Kirche nein. Zum Erfolg der Botschaft gehört auch, dass die Institution gefragt ist, also die Gottesdienste, die Schulen und Kindergärten, die Caritas usw. Und es gehört dazu, dass die Kirche in gesellschaftlichen Debatten als wichtiger Gesprächspartner wahrgenommen wird. Menschen erreichen zu wollen nur um der Kirchenstatistik willen, das wäre natürlich zu vordergründig.

R. ZOLLITSCH: Aber der Pfarrer darf sich freuen, wenn die Reihen gut gefüllt sind.

A. GLÜCK: Aber ja, so wie jeder sich über Zuspruch freuen sollte.

R. ZOLLITSCH: Ich möchte auch nicht behaupten, dass die Statistik der Gottesdienstbesucher der zentrale Maßstab des Glaubens ist. Glauben ist nur begrenzt messbar. Ich wollte nur sagen, dass es menschlich verständlich ist, auch mal sehen zu wollen, wofür man arbeitet.

CH. FLORIN: Eine Umfrage des Demoskopischen Instituts Allensbach hat vor einigen Jahren ergeben, dass das Wort *christlich* positiv konnotiert ist, das Wort *katholisch* eher nicht. Bei *christlich* fällt den befragten Deutschen die Nächstenliebe ein. Das Wort *katholisch* dagegen bringen sie in Verbindung mit starr und konservativ. Sind Sie starr und konservativ?

R. ZOLLITSCH: Da werden wohl auch die nichtkatholischen Deutschen gefragt worden sein.

CH. FLORIN: Natürlich.

R. ZOLLITSCH: Für mich ist zunächst entscheidend, wie uns jene Leute erleben, die aus der Mitte der Gemeinde kommen. Unbeweglich, starr, nicht auf der Höhe der Zeit – das sind leider die Klischees, die die Medien mit Vorliebe pflegen und bedienen. Wer die katholische Kirche aber besser kennt, verbindet damit auch das Weltumspannende, die Vielfalt.
Wir haben hier in Deutschland eine evangelische Kirche, die sich als Kirche der Freiheit definiert. Wir nennen uns nicht so, und trotzdem würde ich sagen, bei uns ist die Freiheit mindestens so groß, wenn nicht sogar größer. Ich selbst versuche, die Schönheit

des christlichen Glaubens und die Schönheit unserer katholischen Kirche zu vermitteln, ohne deswegen andere schlechtzumachen.

A. GLÜCK: Die katholische Kirche wird sicherlich stärker als Institution, als Amtskirche erlebt. So erkläre ich mir das negative Image. Zu häufig kommt von der Botschaft nur das Einengende, Begrenzende an.

CH. FLORIN: Nun haben wir darüber gesprochen, dass die Soziale Marktwirtschaft, die Menschenwürde im Grundgesetz stehen. Die Moderne hat überhaupt vieles Christliche verinnerlicht. Wozu braucht es dann noch die Kirche, wenn alles selbstverständlich ist?

A. GLÜCK: Weil die Dinge nicht automatisch weiterleben. Das ist wie ein Wurzelwerk, das kein Wasser mehr bekommt. Auch Ideen und Werte leben nicht beständig weiter, wenn man sie nicht ständig neu bewusst macht. Nehmen Sie das Beispiel Europa: Da haben wir das Bekenntnis zu Europa für selbstverständlich gehalten, im Zuge der Schuldenkrise brechen aber alte Aversionen gegenüber den Deutschen auf, Nationalismen kehren zurück. Werte lassen sich nicht genetisch weitergeben, da ist Erziehung gefragt.

CH. FLORIN: Die Kirche ist also ein großes Erziehungsprojekt?

A. GLÜCK: In gewisser Weise schon. Werte bedürfen immer wieder der neuen Aneignung. Nehmen wir als Beispiel die Würde des Menschen. Die neuen Entwicklungen in der medizinischen Forschung geben ganz neue Möglichkeiten für kranke und sterbende Menschen, aber sie bergen in sich auch die Gefahr der Grenzüberschreitung. Ich meine nicht nur die gentechnischen Entwicklungen, ich meine auch die Manipulation durch Psychopharmaka. Und wenn einige Hirnforscher behaupten, der Mensch habe keinen freien Willen, dann fordert uns auch das heraus. Wir müssen uns immer wieder aktuell fragen: Was heißt Menschenwürde? Wie wahren wir sie? Ausruhen können wir uns nicht.

R. ZOLLITSCH: Demokratie und Menschenrechte scheinen uns selbstverständlich, aber sie sind immer Anfechtungen ausgesetzt. Das Bewusstsein für ihren Wert muss immer wieder wachgehalten werden. Nicht nur, aber auch von den Kirchen. Es geht uns nicht um Staatsbürgerkunde. Wir als Kirche stellen uns dieser Aufgabe, weil Menschenwürde und Gerechtigkeit eine Konsequenz des Evangeliums sind. Ich halte mich da an Goethe: »Was du ererbt von deinen Vätern, erwirb es, um es zu besitzen.«

A. GLÜCK: Ich bin nicht so pessimistisch, dass ich sage, die moderne Welt wird eine areligiöse Welt sein. Jürgen Habermas war in den Sechzigern und Siebzigern fest davon überzeugt, dass sich Religion überleben wird. Seit einigen Jahren hat er eine ganz andere Position. Der Staat, sagt der frühere Verfassungsrichter Böckenförde, lebt von Voraussetzungen, die er selbst nicht schaffen kann. Und eine dieser Voraussetzungen kann die Religion sein. Aber damit sie es sein kann, bedarf sie ständig der geistigen Erneuerung.

CH. FLORIN: Warum schauen eigentlich so viele Katholiken fasziniert auf Habermas? Der Philosoph hat doch nur gesagt, was der Papst schon lange vorher verkündet hat.

R. ZOLLITSCH: Beim Papst denken viele: Der muss das ja sagen. Das ist bei einem Intellektuellen wie Habermas anders.

CH. FLORIN: Aber katholisch geworden ist er trotzdem nicht.

A. GLÜCK: Nein, das nicht. Er hat offenbar keinen persönlichen Zugang gefunden, aber er sieht die Bedeutung für die Gesellschaft und für das Zusammenleben der Menschen.

R. Zollitsch: Er spricht nicht als Theologe, auch nicht als Glaubenszeuge, sondern als einer, der die Gesellschaft beobachtet. Dass er katholisch wird, davon darf man als Bischof vielleicht träumen.

Ch. Florin: Wenn Sie, Herr Glück, eine Stellenbeschreibung für einen Bischof zu formulieren hätten, wie sähe die aus?

A. Glück: Für mich muss ein Bischof spürbar Seelsorger sein, der gleichzeitig seine Führungsaufgabe wahrnimmt. Je nach Persönlichkeit wird das in unterschiedlicher Weise ausgeprägt sein. Für die Vielfalt der Aufgaben der Kirche braucht es auch hier unterschiedliche Begabungen und Prägungen. Entscheidend ist, dass der Einzelne authentisch ist als Mensch, als Priester und als Führungskraft. Dazu gehören durchaus auch Schwächen und Grenzen, niemand muss perfekt sein.

Ch. Florin: Um ein Klischeewort aus Stellenausschreibungen zu verwenden: Braucht ein Bischof emotionale Intelligenz?

A. Glück: Er muss auf Menschen zugehen können. Er wird sein Amt nur wirklich gut ausüben können, wenn er dem Leben zugewandt ist. Er muss Menschen mögen. Er sollte der Welt zugewandt sein und zugleich nicht ganz von dieser Welt.

Ch. Florin: Passt das für Sie, Herr Erzbischof?

R. Zollitsch: Da möchte ich an die Ursprünge des Amtes erinnern: Als die Apostel das Evangelium verkündet haben, haben sie dafür Sorge tragen müssen, dass die Gemeinden weiterleben. Wenn sie weiterzogen, brauchte es Verantwortliche, die sich zum Beispiel darum kümmerten, dass die Gemeinde sich zum Gottesdienst trifft. Zugleich haben sie dafür gesorgt, dass die Werke der Liebe getan wurden. Liturgie und Caritas hängen zusammen. So entwickelten sich die Aufgaben des Amtes, des Episkopats.

Heute sind die Aufgaben eines Bischofs gewaltig gewachsen. Ein Bischof muss den Glauben verkünden, ein Mann der Liturgie sein und dafür sorgen, dass die Diakonie gelebt wird. Es gibt heute ein ganzes Maß an Organisation dazu, und dazu braucht man, wie Paulus schreibt, die Gabe der Leitung. Ein Bischof ist ein Brückenbauer, ein Pontifex, der durchschauen muss, wie in der Vielfalt der Charismen, der Dienste, der Gemeinden die Einheit gewahrt wird. Er sollte auch über die Grenzen seiner Diözese hinausdenken, er ist Teil der Bischofskonferenz und er hat weltkirchliche Aufgaben. Das alles kann man nicht bewältigen, wenn man sozusagen einseitig begabt ist. Ein großartiger Wissenschaftler zum Beispiel muss kein guter Bischof sein, ein großartiger Verwalter auch nicht.

CH. FLORIN: Wie wurden Sie auf diese ziemlich umfangreichen Aufgaben vorbereitet?

R. ZOLLITSCH: Man wird nicht so richtig darauf vorbereitet. Der Kodex des Kirchenrechts nennt einige Fähigkeiten, die für einen Bischof wichtig sind – wie guten Ruf, festen Glauben, Lebensweisheit, Seeleneifer, Kenntnis der Theologie und des Kirchenrechts.

Ich selbst war 16 Jahre in der Priesterausbildung tätig. Das war eine schöne Zeit, junge Menschen begleiten zu dürfen und sich zugleich intensiv mit Theologie zu befassen. Ich war dann 20 Jahre Personalreferent in der Erzdiözese, da musste ich mich in den ganzen Bereich der Verwaltung intensiv einarbeiten. Die ganze Personal- und Pastoralplanung lag in meinem Bereich; insofern war das kein überraschendes Feld, als ich Erzbischof von Freiburg wurde. Neues kam dazu, als ich Vorsitzender der Bischofskonferenz wurde. Ich hatte eigentlich vor, mich auf meine Erzdiözese zu konzentrieren, aber dann wurde dieser Wunsch an mich herangetragen. So gab es neue Herausforderungen.

A. GLÜCK: Mir bereiten beim Blick auf unsere Bischöfe nicht so sehr die Verwaltungsaufgaben Kopfzerbrechen. Ich glaube, dass die Kommunikationsfähigkeit von wachsender Bedeutung ist. Die bringt aber längst nicht jeder mit. Wir brauchen Bischöfe, die nach außen und innen kommunizieren können, die sich verständlich machen können. Die Zeit der Einzelkämpfer ist vorbei.

Bei Bischöfen kommt es mir manchmal vor wie in der Politik. Da fehlt vielfach die Lernzeit in Führungsämtern, bevor sie in ein solches Spitzenamt berufen werden. Wer ohne Führungserfahrung Minister wird, schafft es kaum, das Amt und die Aufgabe prägend zu gestalten. Das größte Defizit in der Ausbildung von Führungskräften ist die Menschenführung. Das gilt für alle Bereiche.

R. ZOLLITSCH: Wir versuchen natürlich, schon im Laufe der Ausbildung darauf zu schauen, wer für Führungsaufgaben in Frage kommt. Aber ich bin mir nicht sicher, ob man jemanden gezielt aufs Bischofsamt vorbereiten kann. Das ist eine andere Dimension.

CH. FLORIN: Und umgekehrt, Herr Erzbischof, wenn Sie eine Stellenausschreibung zu formulieren hätten für den obersten deutschen Laien, was stünde da drin?

R. ZOLLITSCH: Der Präsident des Zentralkomitees muss spüren: Ich bin jetzt der Sprecher sehr vieler, verschiedener Menschen. Er muss diese Bandbreite abbilden und dabei seine eigene Meinung zurückstellen. Es sollte jemand sein, der Dinge anstößt und zugleich auch vermittelnd wirken kann. Er muss den

Impuls haben, unmittelbar in die Bischofskonferenz hineinzuwirken.

Ch. Florin: Fühlen Sie sich korrekt beschrieben, Herr Glück?

A. Glück: Auf jeden Fall sind die Anforderungen, die Aufgaben sehr gut beschrieben. Ja, es ist schon ein Amt, das einen fordert. Mehr vielleicht: Gerade wegen der Vielfalt der Aufgaben, der Positionen und Strömungen in Kirche und Gesellschaft ist dies eine ziemlich anspruchsvolle Führungsaufgabe.

Ch. Florin: Wie würden Sie den Satz fortsetzen: Katholisch ist für mich …

R. Zollitsch: … der Glaube an Jesus Christus, der mein Leben trägt und mich prägt, der mich zugleich in die Gemeinschaft der Kirche hineinstellt. In dieser Gemeinschaft gehe ich den Lebensweg mit anderen, ich lasse mich führen. Ich weiß, dass diese Gemeinschaft über unser Land hinausgeht, und ich weiß, dass diese Gemeinschaft über mein Leben hinausreicht. Sie mündet in die Gemeinschaft mit Gott. Katholisch ist für mich die Liturgie, die Sakramente als Heilsdienst an den Menschen. Katholisch zu sein ist für mich eine Kraftquelle fürs Leben.

A. GLÜCK: Katholisch ist für mich gerade nicht konservativ, sondern dynamisch. Es ist eine sehr fordernde Botschaft, eine Botschaft, die das Leben des Einzelnen und das einer Gesellschaft verändert.

CH. FLORIN: Niemand von Ihnen sagt: Katholisch ist das, was der Papst sagt. Warum?

A. GLÜCK: Der Papst hat das Lehramt inne, das ist eine besondere Aufgabe und eine besondere Verantwortung. Aber katholisch ist mehr als die Beachtung der kirchlichen Lehre, ist eigenverantwortlich christlich geprägtes Leben.

R. ZOLLITSCH: Der Papst trägt als Nachfolger des Apostels Petrus die Sorge für die Einheit der Kirche, für die Bewahrung, Verlebendigung und Weitergabe des Glaubens. Ich stehe mit ihm als dem Haupt in der Gemeinschaft des Bischofskollegiums. Die Gemeinschaft mit ihm ist für mich eine stete Quelle der Kraft und Inspiration.

CH. FLORIN: Einen neuen Aufbruch wagen – so haben wir begonnen, so wollen wir enden. Worin besteht eigentlich das Wagnis? Was riskieren Sie?

R. ZOLLITSCH: Wir wollen aufeinander hören, gemeinsam auf Gott hören, so wie Abraham auf Gott gehört hat. »Zieh in ein Land, das ich dir zeigen wer-

153

de«, hat Gott ihm gesagt. Abraham kannte nicht das Land, doch er hat sich auf den Weg gemacht. Das Wagnis besteht darin, dass wir nicht wissen, wie und ob wirklich alle mitkommen. Wir erleben an den Rändern schmerzlich, wie weit die Meinungen auseinandergehen.

CH. FLORIN: Sind Sie wagemutig?

R. ZOLLITSCH: Ich habe aufgrund meines Glaubens und meiner Erfahrung Mut zu Neuem. Ich habe mich in meinem Leben so manches Mal von Altem trennen und Neues beginnen müssen, und ich habe es nicht bereut. Umkehr bedeutet auch, von Eigenem Abschied zu nehmen.

CH. FLORIN: Wovon wollen Sie Abschied nehmen?

R. ZOLLITSCH: Von manchen überkommenen Gemeindestrukturen, von der nicht in allem dem Zweiten Vatikanischen Konzil entsprechenden Arbeitsaufteilung zwischen Priestern und Laien. Ich möchte eine Kirche, die stärker *communio* ist. Nicht alles, was wir für unveränderlich halten, ist es auch.

CH. FLORIN: Aber die Frauenfrage ist es?

R. ZOLLITSCH: Psychologisch nicht, theologisch ja.

A. GLÜCK: Neues zu wagen heißt nun mal, in Entwicklungen hineinzugehen, deren Ende man nicht absehen kann. Ich selbst neige da zur Verhaltensweise des Bergsteigers, das heißt: ein Sicherheitsbewusstsein haben, aber gleichzeitig trotzdem in ein neues Gelände hineingehen und sich darauf einstellen. Mich würde es langweilen, mich immer nur auf bekanntem Terrain zu bewegen. Unwägbarkeiten reizen mich.

CH. FLORIN: Wie sieht das Szenario aus, wenn der Aufbruch gelingt?

A. GLÜCK: Kirchlich ist es der Weg in eine neue Vitalität des Glaubens und der Kirche. Und für die Gesellschaft: Wenn er gelingt, entwickeln wir gesellschaftlich einen Lebensstil, der langfristig tragfähig ist. Es gibt dafür noch kein Vorbild, das alles ist ein Lernprozess. Zum Glück ist die Zeit geschlossener Weltbilder und fester Zukunftsszenarien vorbei. Wir sind verwöhnt, vielleicht auch ein Stück verdorben von Sicherheiten, die es eine Zeit lang scheinbar selbstverständlich gab. Nun werden wir sehr brutal damit konfrontiert, dass es eben zum Teil Scheinsicherheiten waren. Der Markt hat bewirkt, was man mit Moral nie fertiggebracht hat.

R. ZOLLITSCH: Für mich ist das Wagnis gelungen, wenn wir gemeinsam auf Gott hören. Er wird uns den Weg schon zeigen. Christentum heißt Pilgern zu Gott. Oft habe ich mich gefragt, warum Gott uns so prüft, warum er uns zum Beispiel so wenige Priester schickt. Ich glaube: Gott hat etwas vor. Er will zeigen, dass wir die Vielfalt der Dienste brauchen. So bin ich mir sicher, dass die Volkskirche überleben wird.

CH. FLORIN: Und was ist, wenn der Aufbruch scheitert?

A. GLÜCK: Er wird nicht scheitern. Offen ist, wie gut er uns gelingt. Sowohl für unsere Kirche wie für unsere Gesellschaft ist dies sehr wichtig.

R. ZOLLITSCH: Ich gehe davon aus, dass er gelingt. Wir brauchen nur ein hörendes Herz, Gottvertrauen und Geduld. Je mehr wir aufeinander und gemeinsam auf Gott hören, desto klarer wird uns, davon bin ich überzeugt, der Weg in die Zukunft gezeigt. Desto mehr werden wir den Mut haben, im Geist Jesu Christi einen neuen Aufbruch zu wagen.